ADOLESCENTE E RESPONSABILIDADE PENAL
da indiferença à proteção integral

Conselho Editorial
André Luís Callegari
Carlos Alberto Molinaro
Daniel Francisco Mitidiero
Darci Guimarães Ribeiro
Draiton Gonzaga de Souza
Elaine Harzheim Macedo
Eugênio Facchini Neto
Giovani Agostini Saavedra
Ingo Wolfgang Sarlet
Jose Luis Bolzan de Morais
José Maria Rosa Tesheiner
Leandro Paulsen
Lenio Luiz Streck
Paulo Antônio Caliendo Velloso da Silveira

Dados Internacionais de Catalogação na Publicação (CIP)

S243a Saraiva, João Batista Costa
Adolescente e responsabilidade penal : da indiferença à proteção integral / João Batista Costa Saraiva. 5. ed. rev. e atual. – Porto Alegre: Livraria do Advogado Editora, 2016.
183 p. ; 21 cm
ISBN 978-85-69538-25-7

1. Direito do menor. 2. Menor: Direito Penal. 3. Responsabilidade penal. 4. Estatuto da Criança e do Adolescente. I. Título.

CDU – 343.2-053.6

Índice para o catálogo sistemático:
Direito do menor
Menor: Direito Penal
Responsabilidade penal
Estatuto da Criança e do Adolescente

(Bibliotecária responsável: Marta Roberto, CRB-10/652)

João Batista Costa Saraiva

ADOLESCENTE E RESPONSABILIDADE PENAL
da indiferença à proteção integral

5ª EDIÇÃO
revista e atualizada

livraria
DO ADVOGADO
editora

Porto Alegre, 2016

© João Batista Costa Saraiva, 2016

Capa, projeto gráfico e diagramação
Livraria do Advogado Editora

Pintura da capa
Vincent Van Gogh
O Filho do Carteiro – óleo sobre tela, 1888.

Revisão
Rosane Marques Borba

Direitos desta edição reservados por
Livraria do Advogado Editora Ltda.
Rua Riachuelo, 1300
90010-273 Porto Alegre RS
Fone: 0800-51-7522
editora@livrariadoadvogado.com.br
www.doadvogado.com.br

Impresso no Brasil / Printed in Brazil

Dedico este trabalho aos amigos Emílio Garcia Mendez e Antonio Fernando Amaral e Silva, fundamentais na construção dos conceitos aqui manejados na efetividade dos direitos humanos especiais de adolescentes a que se atribua a prática de um ato infracional no Brasil.

À memória de Núbia Costa Saraiva, mãe e mestra.

E a meu pai, Pery Saraiva, minha grande inspiração.

Para Lili, companheira de caminhada, e nossos oito filhos.

"Toda a história do progresso humano foi uma série de transições através das quais costumes e instituições, umas após outras, foram deixando de ser consideradas necessárias à existência social e passaram para a categoria de injustiças universalmente condenadas."

John Stuart Mill

Nota do autor à quinta edição

A ideia de ilustrar a capa desta edição com um detalhe de "O Escolar", de Van Gogh, tem um propósito. A obra é de 1888, também conhecida como "O filho do carteiro". A vida de Van Gogh é fascinante. Embora pudesse ser apenas para homenagear este gênio da pintura, o propósito da escolha é de simbolizar, na arte, um momento do Direito da Criança. Exatamente no final do século XIX, o Direito "inventa o menor". Contemporâneo a este quadro de Van Gogh, Tobias Barreto lança no Brasil "Menores e Loucos em Direito Criminal", um marco na doutrina jurídica brasileira no sentido de conceber um novo tratamento legal ao menor de 18 anos. Começa a se produzir a invenção do menor no âmbito do direito brasileiro.

Para retirá-lo do Direito Penal, o menor é concebido enquanto uma categoria social, construindo-se a doutrina tutelar. Irá consolidar-se no século XX como "incapaz", "delinquente e abandonado". "Abandonados e Criminosos", na linguagem de João Bonumá, em 1913.

Há uma caminhada de conquista de direitos até adquirir, na Convenção dos Direitos da Criança, um *status* de categoria jurídica, reconhecendo-se o como sujeito, consolidando-se a doutrina da proteção integral de direitos. Um sujeito em peculiar condição de desenvolvimento. O Brasil antecipa-se à própria Convenção, quando em 1988, em especial nos artigos 227 e 228 da Constituição Federal, traz uma síntese daquilo que em novembro de 1989 será a Convenção das Nações Unidas de Direitos da Criança.

É dessa trajetória que este trabalho se ocupa, oferecendo uma síntese desta jornada, entre a indiferença à proteção integral dos direitos da criança, reconhecendo-se o adolescente como sujeito e protagonista de sua história, com direitos e deveres próprios, consolidando um modelo de responsabilidade penal de adolescente, ou de direito penal juvenil. A trajetória do adolescente em conflito com a lei desde a perspectiva de sua responsabilidade penal.

Busca-se atualizar de maneira sumária a evolução jurisprudencial nos Tribunais Superiores, em particular no STJ, com edição de súmulas sobre a matéria, enfatizando o caráter sancionatório da resposta socioeducativa do Estado em face do ato infracional, em especial por conta das insuficiências normativas do Estatuto da Criança e do Adolescente.

Retomo aqui a homenagem a duas das principais personagens na efetivação da Doutrina da Proteção Integral dos Direitos da Criança, seja no Brasil, seja no contexto latino-americano, a saber, Emílio Garcia Mendez e Antônio Fernando Amaral e Silva, na superação da crise de interpretação que dificulta a efetividade do Direito da Criança em nosso País e mesmo no continente latino-americano.

Nesse contexto, não é possível deixar de consignar, mais uma vez, a cantilena daqueles que pretendem reduzir a idade penal, mexer na Constituição, deformar o sistema socioeducativo. Um triste engodo demagógico, que arrasta consigo muitos de boa vontade.

A lição não é nova e tem sido reiterada. Como leciona Emílio: enquanto os fenômenos naturais se dão independentemente da explicação humana, os fenômenos sociais acontecem a partir do observador, ou seja, a visão que temos de um problema, em matéria de fenômeno social, é co-constitutiva do próprio problema.

Antonio Carlos Gomes da Costa sentenciava que o maior problema da questão relativa ao trabalho infantil residia no fato de a sociedade em geral não vê-la como um problema.

Assim as pesquisas de opinião. Todos sabem daquela piada relativa à pesquisa para verificação dos níveis de violência doméstica, onde o cidadão deveria responder à pergunta: "você ainda bate em sua mulher?". Qualquer resposta conduziria à conclusão de que a violência doméstica é insuperável, pois se "sim" é porque continua batendo e se "não" é porque batia.

A redução da idade de imputabilidade penal é recolocada no panorama político. Há pesquisas revelando que a maioria dos entrevistados estaria favorável à redução da idade de imputabilidade penal, hoje constitucionalmente fixada em 18 anos.

O tema vem sendo malfocado. Aparentemente, movido por um pré-conceito sobre a problemática, a sociedade é chamada a opinar se é a favor da redução da idade penal ou a favor da impunidade. A ideia é que "com menor, não dá nada". Nestes termos, não haveria outra alternativa.

Mas por que estar malfocado o tema. Por uma questão anterior. O Estatuto da Criança e do Adolescente, e antes dele a Convenção dos Direitos da Criança e antes da própria Convenção, a Constituição Federal, instituiu no Brasil um sistema de Direito Penal Juvenil, de responsabilização do adolescente, como busca demonstrar este trabalho. Desde os 12 anos.

Este modelo, que tem mais de 25 anos, vem produzindo resultados que merecem ser reavaliados, sem dúvida. Pretender, entretanto, lançar o adolescente no sistema prisional brasileiro, por pior que seja o sistema socioeducativo, é um rematado equívoco, que não se justifica por nenhum viés, nem mesmo, e especialmente, enquanto política pública de segurança.

O adolescente, enquanto sujeito em peculiar condição de desenvolvimento (e não incapaz), se faz sujeito de sanção quando autor de conduta criminal. Razoável que se pondere se o período máximo de três anos é bastante para certos e determinados (poucos) delitos. No mais das vezes, constitui-se em alternativa que pode acabar mais gravosa (e isso é quase um disparate) que a sanção que a lei penal reserva ao maior de 18 anos. Evidente que há situações que merecem discussão e é razoável que, enquanto mecanismo de defesa social, os atuais três anos do Estatuto possam não ser suficientes em casos de homicídio, latrocínio, estupro. É verdade que o Estatuto carece de uma revisão para incorporar avanços conquistados pelo Direito Penal nos últimos 20 anos (transação penal, Lei 9.099, Lei Maria da Penha etc.) ou ainda do garantismo penal (a redação do atual art. 122, por ex., é absolutamente discricionária).

Países como Colômbia e Chile têm um modelo de responsabilidade penal para adolescentes que prevê sanções de até 4 e 8 anos, para jovens entre 14 e 16, no primeiro caso, e 16 e 18, no segundo, na Colômbia. No Chile, para as mesmas faixas etárias, as sanções podem ser de cinco até dez anos. De fato, é possível e necessário rever alguns pontos do Estatuto, até porque, no panorama latino-americano, do México à Argentina, o Brasil tem hoje o mais baixo limite de privação de liberdade a adolescente infrator autor de conduta de extrema gravidade.

Todavia, pretender reduzir a idade penal, mexer na Constituição, deformar o sistema socioeducativo é um engodo demagógico. Modelos como o da Alemanha e da Espanha deveriam ser referenciais para nós, poupando a Nação deste desgaste inútil, remetendo o debate para uma discussão construtiva, no âmbito do próprio Estatuto, no modelo de responsabilidade adolescente que institui, como neste trabalho se demonstra. A ideia de uma responsabilidade penal progressiva, como sustentou Paulo Afonso Garrido de Paula.

O trabalho ainda busca realçar as importantes conquistas incorporadas pela Lei 12.594, conhecida como lei do SINASE e avanços normativos que incorpora, sinalizando com uma Justiça Juvenil Restaurativa em alternativa a um modelo de Justiça Penal de Adolescente, um tema que a todos envolve.

Santo Ângelo, em janeiro de 2016.

João Batista Costa Saraiva

Prefácio

O prefácio deste trabalho de João Batista Costa Saraiva, nesta nova edição, me oportuniza retomar uma necessária e imprescindível reflexão que deve nortear os operadores do sistema de justiça da infância e da juventude no Brasil.

Talvez nada caracterize melhor os problemas atuais do Estatuto da Criança e do Adolescente do que aquilo que poderia denominar-se sua dupla crise: de implementação e de interpretação.

A primeira crise remete ao reiterado déficit de financiamento das políticas sociais básicas. A segunda é de natureza político-cultural.

A crise de implementação remete às carências em saúde e educação, assim como ao (inútil) intento de substituir a qualidade e quantidade de políticas universais como a escola e os serviços de saúde com sucedâneos ideológicos, sejam estes de caráter social-clientelista (inadequada focalização de políticas assistenciais), sejam estes de caráter repressivo (ineficazes e ilegais políticas autoritárias de lei e ordem, sem respeito pelas liberdades individuais e sem nenhum aumento real da segurança pública).

Neste contexto, resulta paradoxo que os custos de legitimidade desta crise não sejam maiores para o sistema político em seu conjunto, devido às reiteradas denúncias e evidências acerca do mal uso dos – quase sempre – escassos recursos dedicados ao gasto social. Em outras palavras, a má condução do gasto social opera como um fator que legitima sua própria redução: "Já que gastam mal, que pelo menos gastem pouco", é a expressão popular que melhor caracteriza esta situação. Convém recordar que ainda que a crise de implementação remeta ao problema do baixo financiamento das políticas sociais, de nenhuma forma se deixa explicar unicamente por isso. Dito de outra forma, nas *condições atuais das crises de implementação e interpretação, não há aumento de financiamento do gasto social que permita resolver os problemas sociais que produzem a primeira crise e amplifica a segunda.*

A gravidade da situação atual somente pode começar a ser entendida quando se considera a existência simultânea destas duas crises. À crise (recorrente) de implementação é necessário agregar (relativamente recente) crise de interpretação.

Muito mais complexa que a crise de implementação é a natureza e, por conseguinte, a explicação da crise de interpretação.

Simplificadamente, diria que resulta essa da tentativa de operar-se com o Estatuto da Criança e do Adolescente mediante o emprego de padrões da antiga Doutrina da Situação Irregular. Assim, desejava deixar claro que de nenhuma maneira me parece que a crise de interpretação seja de natureza *técnica* e que resulte, por exemplo, da complexidade dos novos tecnicismos jurídicos que possua o Estatuto da Criança e do Adolescente. É sabido que, desde o ponto de vista estritamente técnico-jurídico, qualquer legislação garantista é, como mínimo processualmente, de caráter complexo. É óbvio que o contrário não se verifica de forma automática, nem toda legislação complexa resulta necessariamente garantista.

Assim vejo que a leitura completa deste livro vem trazer importante contribuição a todos aqueles que atuam na área do Direito da Infância e Juventude, em especial no tema do adolescente em conflito com a lei, no sentido de superar a crise de interpretação, compreendendo o conteúdo garantista expresso no Estatuto da Criança e do Adolescente, em uma análise contextual histórica, fornecendo subsídios a partir desta leitura para o enfrentamento consequente da chamada crise de implementação.

Este trabalho permite confirmar, mais uma vez, uma verdade nem sempre suficientemente relembrada: que o compromisso com a justiça e os direitos humanos se transforma em acionismo inútil sem o rigor científico, e que o rigor científico sem compromisso se converte em um diletantismo intranscendente.

Esta edição deste livro de João Batista Costa Saraiva, que tenho o privilégio de prologar, por seu compromisso com a construção de um modelo garantista no agir dos operadores do sistema de justiça da infância, se constitui em um material de trabalho imprescindível para todos estes operadores.

A partir do lugar que ocupa neste sistema, Saraiva reúne, tanto uma prática profissional consequente/resultante (é o juiz que prospecta), quanto um arsenal teórico de irrefutável riqueza. Mais uma vez reafirma as bases de uma tarefa urgente e necessária no Brasil. Assim contribui decisivamente para a desconstrução de mitos, conservadores e progressistas, relativos aos vínculos dos adolescentes com a questão penal. Se Saraiva é capaz de levar ao bom termo os objetivos político-pedagógicos a que se propõe, isto é, devido ao feito de assentar-se em uma posição que, desde o começo, rejeita de plano e sem vacilos a falsa e demagógica "autonomia" do velho direito de menores. Posição que, inclusive, baixou uma suposta perspectiva progressista, tem sido à amiúde contrabandeada no novo direito da infância. Do único que o direito de menores era "autônomo", era o Direito Constitucional. Do que menos o novo direito da infância deve ser autônomo, é o Direito Constitucional.

A inserção do estudo do direito da infância, no que respeita à questão do adolescente em conflito com a lei, imerso no garantismo penal e na ordem constitucional, são o marco no combate ao autoritarismo e subjetivismo que desgraçadamente davam o conteúdo do antigo direito de menores.

Este livro é reeditado em momento muito oportuno. Apesar da crise, de implementação e interpretação, o Estatuto da Criança e do Adolescente começa a entrar decididamente em uma etapa de maturidade e consolidação, não isenta de riscos e perigos.

Muitos são os desafios e ameaças que ainda deverá enfrentar o Estatuto da Criança e do Adolescente, não obstante, *me animo a afirmar que os riscos maiores não são nem serão externos, mas continuarão provindo da persistência de concepções e atitudes produto de uma cultura corporativa, que somente textos como este conseguirão neutralizar e reverter.* Não esqueçamos que o corporativismo tende a produzir mesclas explosivas de ignorância e má-fé.

Desse modo, em um tal contexto, este trabalho de Saraiva traz elementos consistentes para o enfrentamento de velhas questões, que historicamente tem se revelado em obstáculo ao avanço na afirmação dos Direitos Humanos de Crianças e Adolescentes.

Emílio Garcia Mendez

Sumário

1. **O Direito da Criança**
   Da indiferença à proteção integral. Uma trajetória de afirmação de Direitos Humanos.
   O panorama internacional e o Brasil. 21

2. **O início do século XIX**
   O cachorro e a criança. Do Código Napoleônico ao Primeiro Código Penal Republicano. 29
   2.1. As Ordenações Filipinas – O início do século XIX e o Brasil. A imputabilidade penal aos sete anos de idade................................30
   2.2. O Código Penal do Império de 1830. O sistema biopsicológico de imputabilidade penal entre sete e quatorze anos de idade.................32
   2.3. Os avanços na luta por direitos em meados do século XIX. O Direito da Mulher, o Direito dos Negros e o Direito da Criança. A Lei do Ventre Livre...33
   2.4. A República. O Código Penal de 1890. O critério biopsicológico de imputabilidade entre nove e quatorze anos...................................35
   2.5. O fim do século XIX. A Sociedade Protetora dos Animais e o Direito da Infância. Primeiro Tribunal de Menores...................................36

3. **O século XX**
   De menor a cidadão. 39
   3.1. A Lei 4.242 de 1922. A Lei de Assistência Social dos Menores Delinquentes e Abandonados de 1923, o Código de Mello Mattos de 1927. Consolidação das Leis Penais. A imputabilidade penal objetiva aos 14 anos e a submissão dos menores entre quatorze anos e dezoito anos às Regras do Código Mello Mattos 42
   3.2. O avanço do Direito das Mulheres. Um necessário paralelo com o Direito da Criança enquanto luta pelos Direitos Humanos. O voto feminino. Os projetos para um Novo Código Penal Brasileiro............46
   3.3. O Código Penal de 1940. A "imaturidade do menor". A imputabilidade penal aos dezoito anos...47
   3.4. A Declaração Universal dos Direitos da Criança. O Estatuto da Mulher Casada. A Criação da FUNABEM. 49

3.4.1. A mulher brasileira alcança o *status* de plena capacidade para o exercício pessoal dos atos da vida civil. A superação do paradigma da incapacidade pela mulher..............................51
3.4.2. A Política Nacional de Bem-Estar do Menor...........................52
3.5. O Código de Menores, Lei 6.697/79. A Doutrina de Situação Irregular. A Lei 7.209/84 e a reforma do Código Penal. A imputabilidade penal mantida em dezoito anos por uma decisão de política criminal............53
3.6. O Ano Internacional da Criança. A Doutrina das Nações Unidas de Proteção Integral à Criança. A Convenção das Nações Unidas de Direito da Criança...61
3.6.1. Ferraioli, Doutrina da Proteção Integral e Direito Penal Juvenil...70
3.7. Condição peculiar de pessoa em desenvolvimento. Uma consideração sobre a adolescência. A questão da capacidade e da incapacidade.......74
3.8. A desconstrução do paradigma da incapacidade. O Princípio do Superior Interesse da Criança, o "Cavalo de Troia" da Doutrina Tutelar...80

4. A Constituição Federal, a incorporação da Doutrina da Proteção Integral
O Estatuto da Criança e do Adolescente (Lei 8.069/90) e o Tríplice Sistema de Garantias...87
4.1. A imputabilidade penal aos dezoito anos como cláusula pétrea..........92

5. O Direito Penal Juvenil
Inimputabilidade penal e responsabilidade penal juvenil. Nem Direito Penal Máximo, nem Abolicionismo Penal....95
5.1. Ato Infracional. Conduta típica, antijurídica e culpável. Medida Socioeducativa, de natureza retributiva e finalidade pedagógica.......102
5.2. Inimputabilidade, responsabilidade juvenil e capacidade e incapacidade para cumprir medida socioeducativa (a questão do portador de sofrimento psíquico)...108
5.3. Os fundamentos do Direito Penal a informar o sistema....................111
5.3.1. A Prescrição da Medida Socioeducativa.............................113
5.3.1.1. O Pronunciamento dos Tribunais Superiores.
As Súmulas do Egrégio Superior Tribunal de Justiça.....117
5.3.1.2. O Pronunciamento dos Tribunais Superiores e as fragilidades conceituais do Estatuto da Criança e do Adolescente. As questões do Garantismo e a natureza jurídica da medida socioeducativas. Questões pendentes como a remissão e a reiteração da conduta infratora..........125
5.4. Não há cidadania sem responsabilidade e não pode haver responsabilização sem o devido processo e o rigor garantista: o Direito Penal Juvenil..133
5.4.1. A necessidade de aprimoramento do Estatuto da Criança e do Adolescente. A ideia de uma responsabilização progressiva.....139

5.5. A Lei 12.594/2012. Lei de Execução das Medidas Socioeducativas.
Uma breve ponderação de sua gênese..147
5.5.1. Os objetivos buscados pela medida socioeducativa nos termos
expressos na lei. A principiologia do sistema. A enunciação
de Garantias Jurídicas em seu art. 35...............................152
5.5.2. Garantias Jurídicas adicionais incorporadas na Lei 12.594........156
5.6. Breves considerações finais...163
Bibliografia...169
Anexos..175
• Comparativo entre uma Legislação orientada pela Doutrina da
Situação Irregular e outra pela Doutrina da Proteção Integral............175
• Tabela de imputabilidade..176
• Quadro Comparativo das Garantias Processuais............................177
• Sinopse da evolução legislativa..179
• Enunciados do Fórum Nacional dos Juízes da Infância e Juventude –
FONAJUV..181

1. O Direito da Criança
Da indiferença à proteção integral.
Uma trajetória de afirmação de Direitos Humanos.
O panorama internacional e o Brasil.

A questão relativa ao estudo do Direito da Criança deve ser focada em face do conjunto dos direitos fundamentais, dos direitos humanos, cuja dimensão subjetiva determina o estatuto jurídico da cidadania, quer em suas relações com o Estado, quer em suas relações entre si.

Trata-se de Direitos Humanos Especiais.

A elaboração destes princípios fundamentais, incorporados no constitucionalismo moderno, remonta a uma caminhada de séculos.

O processo de construção de um sistema de direitos fundamentais e o trato constitucional destes, do ponto de vista histórico, como destaca Antonio Perez Luño, remete a um período inicial, quando foram concebidos inicialmente como instrumentos de proteção da cidadania frente à onipotência do Estado.

Sentencia o mestre espanhol que os direitos humanos, neste contexto, se constituem em uma categoria prévia, legitimadora e informadora dos direitos fundamentais, assim como o reconhecimento de que os direitos fundamentais são uma categoria descritiva dos direitos humanos positivados no ordenamento jurídico.[1]

---
[1] Luño, Antonio E. Perez. *Los Derechos Fundamentales*: Temas Clave de la Constitución Española. 6ª ed. Madrid: Tecnos, 1995, especialmente p. 19 a 51.

Tratar-se de direito da criança supõe o conhecimento deste conjunto de valores, no qual se inclui o direito da mulher, do negro, das minorias etc.

Neste entendimento, situando o estudo do direito da criança no conjunto dos Direitos Fundamentais, abordando a trajetória deste Direito na normativa internacional, analisando a questão da responsabilidade penal dos menores de idade, seguidamente em voga no debate latino-americano em torno da responsabilidade juvenil, Emílio Garcia Mendez[2] enumera que, do ponto de vista do Direito, é possível dividir a história do direito juvenil em três etapas:

a) de caráter penal indiferenciado;
b) de caráter tutelar;
c) de caráter penal juvenil.

Ensina o mestre argentino, cuja contribuição para o Direito da Infância e Juventude na América Latina faz-se insuperável, que a primeira etapa, do caráter indiferenciado, é a marca do tratamento dado pelo direito desde o nascimento dos Códigos Penais, de conteúdo eminentemente retribucionista, do século XIX até a primeira década do século XX. Esta etapa caracteriza-se por considerar os menores de idade praticamente da mesma forma que os adultos, fixando normas de privação de "liberdade por um pouco menos tempo que os adultos e a mais absoluta promiscuidade", na medida em que eram recolhidos todos ao mesmo espaço.

O segundo momento, do caráter tutelar da norma, tem sua origem nos Estados Unidos e se irradia pelo mundo, no início do século XX. Num período de tempo de vinte anos, iniciando em 1919 com a Legislação da Argentina, todos os países da América Latina adotaram o novo modelo, resultante da profunda indignação moral decorrente da situação de promiscuidade do alojamento de maiores e menores nas

---

[2] Mendez, Emílio Garcia. *Adolescentes e Responsabilidade Penal*: Um debate Latino--Americano, Porto Alegre: AJURIS, ESMP-RS, FESDEP-RS, 2000.

mesmas instituições. As novas ideias foram introduzidas a partir do chamado Movimento dos Reformadores.[3] Na crítica que faz, ensina Emílio Garcia Mendez:

"... uma análise crítica permite pôr em evidência que o projeto dos reformadores, mais que uma vitória sobre o velho sistema, constitui num compromisso profundo com aquele. As novas leis e a nova administração da Justiça de Menores nasceram e se desenvolveram no marco da ideologia nesse momento dominante: o positivismo filosófico. A cultura dominante de seqüestro dos conflitos sociais, quer dizer, a cultura segundo a qual a cada patologia social devia corresponder uma arquitetura especializada de reclusão, somente foi alterada num único aspecto: a promiscuidade. A separação de adultos e de menores foi a bandeira vitoriosa dos reformadores norte-americanos, em menor medida de seus seguidores europeus e até há muito pouco, muito mais uma expressão de desejo de seus emuladores latino-americanos. Neste último caso, onde ainda hoje a colocação de menores de idade na prisão de adultos persiste como um problema não pouco importante em muitas regiões...".[4]

A terceira etapa, com o advento da Convenção das Nações Unidas de Direitos da Criança, inaugura um processo de responsabilidade juvenil, caracterizada por conceitos como separação, participação e responsabilidade:

"O conceito de separação refere-se aqui à clara e necessária distinção, para começar no plano normativo, dos problemas de natureza social daqueles conflitos com as leis penais. O conceito de participação (admiravelmente sintetizado no art. 12[5] da Convenção das

---

[3] Sobre o tema, Emílio Garcia Mendez remete à leitura de Antony Platt, "Los Salvadores Del Niño, o la invención de la Delincuencia", México, Siglo XXI, 1982.
[4] Op. cit., p. 7/8.
[5] Art. 12. 1. Os Estados Partes assegurarão à criança que estiver capacitada a formular seus próprios juízos o direito de expressar suas opiniões livremente sobre todos os assuntos relacionados com a criança, levando-se em consideração essas

Nações Unidas de Direito da Criança) refere-se ao direito da criança formar uma opinião e expressá-la livremente em forma progressiva, de acordo com seu grau de maturidade. Porém o caráter progressivo do conceito de participação contém e exige o conceito de responsabilidade, que a partir de determinado momento de maturidade se converte não somente em responsabilidade social, mas ao contrário, além disso e progressivamente, numa responsabilidade de tipo especificamente penal, tal como estabelecem os arts. 37 e 40[6] da Convenção das Nações Unidas de Direito da Criança".[7]

opiniões, em função da idade e da maturidade da criança. 2. Com tal propósito, se proporcionará à criança, em particular, a oportunidade de ser ouvida em todo processo judicial ou administrativo que afete a mesma, quer diretamente quer por intermédio de um representante ou órgão apropriado, em conformidade com as regras processuais de legislação nacional.

[6] Art. 37. Os Estados Partes zelarão para que: a) nenhuma criança seja submetida à tortura nem a outros tratamentos ou penas cruéis, desumanos ou degradantes. Não será imposta a pena de morte nem a prisão perpétua sem possibilidade de livramento por delitos cometidos por menores de 18 anos de idade; b) nenhuma criança seja privada de sua liberdade de forma ilegal ou arbitrária. A detenção, a reclusão ou a prisão de uma criança serão efetuadas em conformidade com a lei e apenas como último recurso, e durante o mais breve período de tempo que for apropriado; c) toda criança privada da liberdade seja tratada com a humanidade e o respeito que merece a dignidade inerente à pessoa humana, e levando-se em consideração as necessidades de uma pessoa de sua idade. Em especial, toda criança privada de sua liberdade ficará separada dos adultos, a não ser que tal fato seja considerado contrário aos melhores interesses da criança, e terá direito de manter contato com sua família por meio de correspondência ou de visitas, salvo em circunstâncias excepcionais; d) toda criança privada de sua liberdade tenha direito a rápido acesso à assistência jurídica e a qualquer outra assistência adequada, bem como direito a impugnar a legalidade da privação de sua liberdade perante um tribunal ou outra autoridade competente, independente e imparcial e a uma rápida decisão a respeito de tal ação. (...) Art. 40. 1. Os Estados Partes reconhecem o direito de toda criança, a quem se alegue ter infringido as leis penais ou a quem se acuse ou declare culpada de ter infringido as leis penais, de ser tratada de modo a promover e estimular seu sentido de dignidade e valor, e fortalecerão o respeito da criança pelos direitos humanos e pelas liberdades fundamentais de terceiros, levando em consideração a idade da criança e a importância de se estimular sua reintegração e seu desempenho construtivo na sociedade. 2. Nesse sentido, e de acordo com as disposições pertinentes dos instrumentos internacionais, os Estados Partes assegurarão, em particular; a) que não se alegue que nenhuma criança tenha infringido as leis penais, nem se acuse ou declare culpada nenhuma criança de ter infringido essas leis, por atos ou omissões que não eram proibidos pela legislação nacional ou pelo direito internacional no momento em que foram detidos; b) que

Esta terceira etapa, no Brasil, que foi pioneiro na América Latina, estabelecendo uma ruptura tanto com o modelo de caráter penal indiferenciado quanto com o modelo tutelar, foi inaugurada pelo Estatuto da Criança e do Adolescente – Lei 8.069/90.

O mestre Antônio Carlos Gomes da Costa, desde os primeiros dias de vigência do Estatuto da Criança e do Adolescente, do qual foi um dos principais construtores, sentenciava que a nova ordem decorrente da Convenção das Nações Unidas de Direito da Criança, incorporada na normativa nacional brasileira e afirmada no art. 227 da Constituição Federal, cuja regulamentação desembocou no Estatuto, promoveu uma completa metamorfose no Direito

toda criança de quem se alegue ter infringido as leis penais ou a quem se acuse de ter infringido essas leis goze, pelo menos, das seguintes garantias: i) ser considerada inocente enquanto não for comprovada sua culpabilidade conforme a lei; ii) ser informada sem demora e diretamente ou, quando for o caso, por intermédio de seus pais ou seus de representantes legais, das acusações que pesam contra ele, e dispor de assistência jurídica ou outro tipo de assistência apropriada para a preparação e a apresentação de sua defesa; iii) ter a causa decidida sem demora por autoridade ou órgão judicial competente, independente e imparcial, em audiência justa conforme a lei, com assistência jurídica ou outra assistência e, a não ser que seja considerado contrário aos melhores interesses da criança, levar em consideração especialmente sua idade ou a situação de seus pais ou representantes legais; iv) não ser obrigada a testemunhar ou se declarar culpada, e poder interrogar as testemunhas de acusação, bem como poder obter a participação e o interrogatório de testemunhas em sua defesa, em igualdade de condições; v) se for decidido que infringiu as leis penais, ter essa decisão e qualquer medida imposta em decorrência da mesma submetidas à revisão por autoridade ou órgão judicial superior competente, independente e imparcial, de acordo com a lei; vi) ter plenamente respeitada sua vida privada durante todas as fases do processo. 3. Os Estados Partes buscarão promover o estabelecimento de leis, procedimentos, autoridades e instituições específicas para as crianças de quem se alegue ter infringido as leis penais ou que sejam acusadas ou declaradas culpadas de tê-las infringido, e em particular: a) o estabelecimento de uma idade mínima antes da qual se presumirá que a criança não tem capacidade para infringir as leis penais; b) a adoção, sempre que conveniente e desejável, de medidas para tratar dessas crianças sem recorrer a procedimentos judiciais, contanto que sejam respeitados plenamente os direitos humanos e as garantias legais. 4. Diversas medidas, tais como ordens de guarda, orientação e supervisão, aconselhamento, liberdade vigiada, colocação em lares de adoção, programas de educação e formação profissional, bem como outras alternativas à internação em instituições, deverão estar disponíveis para garantir que as crianças sejam tratadas de modo apropriado ao seu bem-estar e de forma proporcional às circunstâncias e ao tipo de delito.

[7] Mendez, Emílio Garcia. Op. cit., p. 8.

da Criança no País, introduzindo um novo paradigma, elevando o até então menor à condição de cidadão, fazendo-se sujeito de direitos.[8] Esta condição de sujeito de direitos conquistada por crianças e adolescentes no ordenamento jurídico nacional resulta de uma longa e penosa caminhada de lutas e conquistas, a justificar o emprego da expressão de John Stuart Mill como mote deste texto: "Toda a história do progresso humano foi uma série de transições através das quais costumes e instituições, umas após outras, foram deixando de ser consideradas necessárias à existência social e passaram para a categoria de injustiças universalmente condenadas".[9]

Até crianças e adolescentes conquistarem o *status* de titulares de direitos e obrigações próprios da condição de pessoa em peculiar condição de desenvolvimento que ostentam, deram–se muitas lutas e debates.

Este avanço, expresso no Brasil no texto do Estatuto da Criança e do Adolescente – Lei 8.069/90 –, não resulta de uma dádiva do legislador nem é produto de uma elucubração transitória. Resulta do irreversível processo de construção de direitos humanos conquistados e afirmados pela marcha civilizatória da humanidade.

Maria Auxiliadora Minahim produziu, no início dos anos 90, notável trabalho de pesquisa em face da situação do adolescente em conflito com a lei e a imputabilidade penal. No amplo trabalho efetuado, analisa este tema desde tempos remotos – para posicionar-se contrariamente à ideia de redução de idade penal para parâmetro inferior a 18 anos. Neste estudo, que examina a questão desde a antiguidade, realça, por exemplo, que, com foro de ciência e justiça, no período feudal, em países como Itália e Inglaterra, para a

---

[8] Gomes da Costa, Antônio Carlos. *De Menor à Cidadão: Notas para uma história do Novo Direito da Infância e da Juventude no Brasil*. Brasília: CBIA – Ministério da Ação Social, 1991.

[9] J. S. Mill, Utilitarianism, Cap. V, p. 94, *apud* Bobbio, Norberto. *A Era dos Direitos*. Traduzido por Carlos Nelson Coutinho. Rio de Janeiro: Campus, 1992, p. 177.

imposição de penas a crianças, adotava-se o até hoje lembrado "critério do discernimento".[10] Para tanto, utilizavam o método da "prova da maçã de Lubecca". Consistia este em oferecer uma maçã e uma moeda à criança. Escolhida a moeda, estava provada a malícia e anulada qualquer proposta legal com tons de proteção. Por isso inúmeras narrativas sobre a aplicação de pena de morte a crianças de dez e onze anos.[11]

Não há, pois, como ignorar a caminhada e conhecê-la, como requisito fundamental para quem pretenda operacionalizar este ramo do direito ou ao menos compreendê-lo. A apropriação dessas informações permite com maior clareza compreender o presente e projetar o futuro.

Assim, nos limites deste trabalho, a proposta é fazer uma retrospectiva desta caminhada, na evolução deste Direito no Brasil diante do contexto internacional. Para tanto, há que se fixar um termo inicial para a realização desta análise.

Com a Revolução Francesa, estabeleceu-se o marco de uma nova ordem jurídica no mundo ocidental. Cumpre, pois, lançar um olhar sobre a ordem vigente, em face da criança e do adolescente, desde o final do século XVIII e, em especial, início do século XIX até os dias atuais.

---

[10] O critério biopsicológico de fixação da imputabilidade penal, baseado no discernimento, vem sendo paulatinamente eliminado dos ordenamentos jurídicos democráticos, presididos pelo garantismo penal, haja vista seu caráter discricionário e de arbítrio. O Chile, por exemplo, que adota este critério para responsabilização penal de jovens entre dezesseis e dezoito anos, está na iminência de adotar uma legislação de responsabilidade penal juvenil, nos moldes do Estatuto da Criança e do Adolescente, fixando o teto de privação de liberdade em três ou cinco anos. O Ministério de Justiça do Chile está encaminhando projeto de modificação do Código Penal e da Lei de Menores destinada a estabelecer um sistema de responsabilidade por infrações à lei penal para adolescentes entre 14 e 18 anos, nos termos da Convenção das Nações Unidas de Direito da Criança. A propósito do tema, em vista da experiência chilena, oportuno o artigo de Miguel Cillero Bruñol, em "Comentário Código Penal: articulo 10 Números 2 y 3", "La minoria de edad como causal de exceción de responsabilidad penal.", in *Justycia y Derechos Del Niño*. Buenos Aires: UNICEF, 2002, p. 51/66.
[11] Minahim, Maria Auxiliadora. *Direito Penal da Emoção*: A inimputabilidade penal do menor. São Paulo: RT, 1992, p. 24.

Assim inicia este estudo, estabelecendo como referência normativa o Código Napoleônico e as Ordenações Filipinas, aquele recém-editado, e estas vigorando em Portugal e no Brasil desde o século XVII, quando da chegada de Dom João VI ao Brasil, no alvorecer do século XIX.

2. O início do século XIX
O cachorro e a criança. Do Código Napoleônico ao Primeiro Código Penal Republicano.

O Código Napoleônico, nos primeiros anos do século XIX, fixou o marco do moderno direito civil. Mais de cem anos depois, inspirou o tão esperado Código Civil Brasileiro (Lei 3.071, de 1º.01.1916), substituído neste início de século XXI pelo não menos esperado novo Código Civil (Lei 10.406, de 10.01.2002).

Do ponto de vista da responsabilidade civil por atos praticados por menores, do Código Napoleônico, passando pelo revogado Código Civil pátrio ao vigente Código Civil Brasileiro, pode-se afirmar que a Lei Civil não estabelece muita diferença entre uma criança e um cachorro.

Assim como ao dono do animal incumbe a responsabilidade civil pelo dano por este causado,[12] igual responsabilidade terá aquele que exercer o poder familiar pelos atos do filho menor que estiver sob sua autoridade e em sua companhia (Código Civil, arts. 932, I, e 933).

---
[12] Responsabilidade Civil. Danos provocados por animal. Presunção de culpa do respectivo proprietário. Ação indenizatória intentada por vítima de ataque de cachorro. O art. 1527 do Código Civil (1916) estabelece uma presunção de culpa do dono do animal causador do dano, que só pode ser elidida mediante segura comprovação da ocorrência das circunstâncias arroladas nos incisos do mesmo dispositivo. Prova da qual não se desincumbiu a demandada-apelante. Confirmação da procedência da ação. Apelo desprovido. (6 fls.) (Apelação Cível nº 70000236885, Décima Câmara Cível, Tribunal de Justiça do RS, relator: Des. Luiz Lúcio Merg, julgado em 23/03/00).

Leciona Maria Helena Diniz: "A responsabilidade paterna, como decorrente que é dos deveres do poder familiar, não depende de ser ou não imputável o filho, pelo menos em face os princípios comuns dos arts. 186, 927, 932, I e 933".[13]

Assim, do ponto de vista da responsabilidade civil, não se faz exagero dizer que o século XIX iniciou (e até hoje é assim) fazendo muito pouca distinção entre uma criança e um cachorro: *a responsabilidade civil é do dono*.

Como adiante se verá, foi neste mesmo século XIX que essa confusão conceitual entre criança e animal ainda veio salvar a infância...

2.1. As Ordenações Filipinas – O início do século XIX e o Brasil. A imputabilidade penal aos sete anos de idade.

No plano do Direito Penal, quando D. João VI desembarcou por aqui com sua Corte, em 1808, estavam em vigência no Brasil as Ordenações Filipinas. Estas ordenações vigeram em Portugal a partir de 1603 e no Brasil até 1830, com o advento do Código Penal do Império.

Havendo naquele tempo uma Igreja oficial, que era a Igreja Católica, primados do Direito Canônico presidiam a jurisdição do Estado. Pelo tradicional catecismo católico, a idade da razão era alcançada aos sete anos. Também do ponto de vista do Estado, no início do século XIX, sete anos era o marco da responsabilidade penal.

Citando José Henrique Pierangelli,[14] Minahim[15] destaca que as Ordenações Filipinas asseguravam apenas, em favor dos menores de dezessete anos, a inaplicabilidade da

---

[13] Diniz, Maria Helena. *Curso de Direito Civil Brasileiro*, v. 7: responsabilidade civil. 16ª ed. São Paulo: Saraiva, 2002, p. 450.

[14] Pierangeli, José Henrique. *Códigos Penais do Brasil*: evolução. Bauru: Jalovi, 1980, p. 133.

[15] Op. cit., p. 25.

pena de morte, reportando-se ao Título CXXXV do Livro Quinto daquele diploma legal:

"Quando algum homem, ou mulher, que passar de vinte anos cometer qualquer delito, dar-lhe-á a pena total, que lhe seria dada, se de vinte e cinco anos passasse.
E se for de idade de dezessete anos até vinte, ficará ao arbítrio dos julgadores dar-lhe a pena total, ou diminuir-lha.
E neste caso olhará o julgador o modo com que o delito foi cometido e as circunstâncias dele, e a pessoa do menor; e se achar em tanta malícia, que lhe pareça que merece pena total, dar-lhe-á, posto que seja de morte natural.
E parecendo-lhe que não a merece, poder-lhe-á diminuir, segundo qualidade, ou simpleza, com que achar, que o delito foi cometido.
E quando o delinqüente for menor de dezessete anos cumpridos, posto que o delito mereça morte natural, em nenhum caso lhe será dada, mas ficará em arbítrio do julgador dar-lhe outra menor pena.
E não sendo o delito tal, em que caiba pena de morte natural, se guardará a disposição do Direito comum".

Em síntese: no início do século XIX, quando Dom João VI aportou no Brasil, a imputabilidade penal iniciava-se aos sete anos, eximindo-se o menor da pena de morte e concedendo-lhe redução da pena. Entre dezessete anos e vinte e um anos havia um sistema de "jovem adulto", o qual poderia ser até mesmo condenado à morte, ou, dependendo de certas circunstâncias, ter sua pena diminuída. A imputabilidade penal plena ficava para os maiores de vinte e um anos, a quem se cominava, inclusive, a morte em certos delitos.

Enquanto no Brasil a legislação vigorante era essa, confirmando a expressão de John Stuart Mill que serve de mote a este trabalho, na Inglaterra se construía o embrião do Direito da Infância. Era editada a primeira normativa de combate ao trabalho infantil, conhecida como Carta dos

Aprendizes, de 1802, ato que limitava a jornada de trabalho à criança trabalhadora ao máximo de doze horas diárias e proibia o trabalho noturno.[16]

2.2. O Código Penal do Império de 1830. O sistema biopsicológico de imputabilidade penal entre sete e quatorze anos de idade.

Com a Proclamação da Independência em 1822, tivemos em 1830 o primeiro Código Penal brasileiro. Este Código Penal fixou a idade de imputabilidade penal plena em 14 anos.[17]

O Código previu ainda um sistema biopsicológico para punição de crianças entre sete e quatorze anos, destacando o mestre paranaense Rolf Koerner Júnior em parecer de sua lavra, citando o professor Manoel Pedro Pimentel, da USP:

"Declaração do Tribunal de Relação da Corte, proferida em 23 de março de 1864, assentou que os menores de sete anos não tinham responsabilidade alguma, não estando, portanto, sujeitos a processo. Entre os sete e quatorze anos, os menores que obrassem com discernimento poderiam ser considerados relativamente imputáveis e, nos termos do artigo 13 do mesmo Código, serem recolhidos às casas de correção 'pelo prazo que ao juiz parecer, contanto que o recolhimento não exceda à idade de dezessete anos'".[18]

Vale lembrar, visando a apropriar-se dos valores da época, que em 1840 foi procedida a emancipação de Dom Pedro II, que aos 14 anos de idade passou a governar o Bra-

---

[16] Saraiva, João Batista Costa. *Desconstruindo o Mito da Impunidade*: um Ensaio de Direito Penal Juvenil. Brasília: do autor, 2002, p. 19.
[17] Art. 10. Também não serão julgados criminosos: § 1º Os menores de quatorze anos.
[18] Koerner Junior, Rolf *et alli*. *Adolescentes privados de liberdade*: A Normativa Nacional e Internacional & Reflexões acerca da responsabilidade penal. 2ª ed. São Paulo: Cortez, 1998, p. 124/125.

sil, extinguindo-se o período da Regência. Aos 14 anos de idade, o Imperador era tido por adulto, casando-se com dezessete anos...

2.3. Os avanços na luta por direitos em meados do século XIX. O Direito da Mulher, o Direito dos Negros e o Direito da Criança. A Lei do Ventre Livre.

Enquanto no Brasil vigorava o Código Penal de 1830 e travava-se a luta abolicionista, tomava força nos Estados Unidos, onde mais tarde veio a germinar a ideia de um Direito de Menores, o movimento feminista. Todas estas manifestações estão inseridas no contexto de afirmação de direitos humanos, onde se situa o direito da infância.

Não se pode olvidar que foi no dia 8 de março de 1857, que teve lugar aquela que terá sido, em todo o mundo, uma das primeiras ações organizadas por trabalhadores do sexo feminino. Centenas de mulheres das fábricas de vestuário e têxteis de Nova Iorque iniciaram uma marcha de protesto contra os baixos salários, o período de 12 horas diárias e as más condições de trabalho. Durante a greve, deu-se um incêndio que causou a morte a cerca de 130 manifestantes.

A data de 8 de março restou reverenciada, desde 1975, pela ONU, como o Dia Internacional da Mulher.

Pois no Brasil, como marco a ser referido na luta pelos Direitos da Infância, neste período, a confundir-se com a luta do movimento abolicionista, há de se incluir a Lei do Ventre Livre, Lei 2.040, de 28.09.1871.

A leitura da Lei do Ventre Livre nos dias atuais faz-nos mais uma vez reportarmos às palavras de John Stuart Mill, mencionadas na abertura deste trabalho.

A Lei do Ventre Livre, que em seu tempo se constituiu em avanço, em verdade era uma legislação perversa, cujo teor costuma ser ignorado nas escolas quando se estuda o movimento abolicionista. Senão vejamos:

"Art. 1º. Os filhos da mulher escrava, que nascerem no Império desde a data desta lei, serão considerados de condição livre.

§ 1º. Os ditos filhos menores ficarão em poder e sob a autoridade dos senhores de suas mães, os quais terão a obrigação de criá-los e tratá-los até a idade de oito anos completos. Chegando o filho da escrava a esta idade, o senhor da mãe terá a opção ou de receber do Estado a indenização de 600$000, ou utilizar-se dos serviços do menor até a idade de 21 anos completos. No primeiro caso o Governo receberá o menor e lhe dará destino, em conformidade da presente lei."

A Lei do Ventre Livre criou, pois, duas categorias: a do escravo por tempo determinado, até 21 anos, e a do "abandonado para ser livre em instituições de acolhimento".

Oportuno, neste sentido, conhecer o trabalho de Maria Luíza Marcílio,[19] ao narrar a história da assistência social no Brasil. Destaca em sua obra que a assistência social em nosso país veio inicialmente marcada pela caridade privada. As intervenções do poder público ocorriam através de raros subsídios concedidos aos particulares. Estes subsídios, segundo a mesma autora, remontam à época colonial[20] e consistiam, inicialmente, em doações em dinheiro a quem acolhesse os infantes abandonados, para em seguida con-

---

[19] Marcílio, Maria Luíza. *História Social da Criança Abandonada*. São Paulo: Hucitec, 1998.

[20] Marcílio, M. L., na obra citada, p. 139 afirma que, desde o século XVI as Ordenações Manuelinas já obrigavam "os Conselhos Municipais, usando suas rendas próprias, a criar os órfãos e desvalidos". Esta obrigação nunca foi, entretanto, cumprida, como demonstram as extensas referências constantes nas páginas seguintes da obra; exceto em casos isolados e aparentemente ligados ao desvio do dinheiro público para fins ilícitos, como o ocorrido na municipalidade de Mariana, MG, onde em 1840 o sustento dos desvalidos saltou abruptamente de históricos 3 a 4% das rendas municipais para cerca 40% de tais recursos (referência feita por Martha Toledo Machado, in *A Proteção Constitucional de crianças e adolescente e os direitos humanos*. São Paulo: Manole, 2003).

templarem, também, subvenções a entidades privadas de beneficência.

Relata que já no final do século XIX e início do século XX o Brasil veio a conhecer as primeiras instituições públicas de abrigamento. Antes disso, a Igreja tinha o quase monopólio do atendimento, em abrigos, a crianças em situação de abandono, registrando Antônio Carlos Gomes da Costa[21]:

"Da chegada dos colonizadores até o início do século XX não se registra, no corpo do Estado brasileiro, a presença de ações que possam ser caracterizadas como política social. O atendimento às necessidades da população neste campo foi, durante os primeiros quatrocentos anos de nossa história, uma função entregue totalmente à Igreja Católica".

O trabalho era feito especialmente nas Santas Casas de Misericórdia, cuja origem remonta ao século XVI, e que consagraram a conhecida "Roda dos Expostos".

2.4. A República. O Código Penal de 1890. O critério biopsicológico de imputabilidade entre nove e quatorze anos.

Com o advento da República, em 1889, o Código Penal do Império deu lugar ao Código Penal dos Estados Unidos do Brasil, Decreto nº 847, de 11 de outubro de 1890.

A imputabilidade penal, que no início do século se dava aos sete anos, e pelo Código Penal do Império de 1830 passou para um critério biopsicológico baseado no "discernimento" entre sete e quatorze anos, evoluiu no Código Republicano de 1890: Irresponsável penalmente seria o menor com idade até nove anos (art. 27, § 1º).

---
[21] Op. cit., p. 13.

A imputabilidade plena, com caráter objetivo, permanecia, como no Código do Império, fixada em quatorze anos (art. 30).

Pelo Código Penal de 1890, adotando o critério biopsicológico fundado na ideia do "discernimento" (o mesmo dos tempos da maçã de Lubecca), o maior de nove anos e menor de quatorze anos submeter-se-ia à avaliação do Magistrado (art. 27, § 2º) sobre "a sua aptidão para distinguir o bem do mal, o reconhecimento de possuir ele relativa lucidez para orientar-se em face das alternativas do justo e do injusto, da moralidade e da imoralidade, do lícito e do ilícito". Rolf Koerner Júnior aborda este tema, citando doutrina de Basileu Garcia.[22]

Bento Faria, em comentário ao art. 30 do Código Penal de 1890 (que fixava a idade de imputabilidade penal em quatorze anos), informa de uma série de decisões de Tribunais mandando soltar meninos recolhidos em prisões misturados com adultos por falta de instituições adequadas.[23]

Ao final do século XIX, por critério objetivo, a imputabilidade penal era alcançada aos quatorze anos, podendo retroagir aos nove anos, de acordo com o "discernimento" do infrator. Em cotejo com o início do século, quando a imputabilidade penal estava fixada aos sete anos, houve avanço...

2.5. O fim do século XIX. A Sociedade Protetora dos Animais e o Direito da Infância. Primeiro Tribunal de Menores.

De importância tão grande quanto a marcha das mulheres operárias, antes mencionada, como marco do Direito da Mulher, foi, para o Direito da Criança, o famoso caso envolvendo a Sociedade Protetora dos Animais em Nova

---
[22] Op. cit., p. 125.
[23] *Apud* Maria Auxiliadora Minahim, op. cit., p. 8.

Iorque em defesa de uma menina de nove anos, maltratada pelos pais, chamado Caso Marie Anne.

O episódio, informado na história como precedente histórico da luta pelos direitos da infância nos Tribunais no mundo, remonta ao ano de 1896, final da última década do século XIX.

A menina de nove anos sofria intensos maus-tratos impostos pelos pais, fato que chegou ao conhecimento público na Nova Iorque daquela época. Como para o Direito Civil do século XIX, como vimos, não havia distinção entre uma criança e um cachorro, ao menos do ponto de vista da responsabilidade civil, o certo é que os pais se julgavam donos dos filhos e que poderiam educar-lhes como lhes aprouvesse. O castigo físico – até hoje utilizado por alguns – era visto como método educativo e sendo as crianças – como os animais – propriedade de seus donos, no caso os pais, poderiam ser educadas da forma que entendessem.

A situação se tornou de tal modo insuportável que o caso chegou aos Tribunais.

Quem entrou em juízo para defender os direitos desta menina e afastá-la de seus agressores?

A Sociedade Protetora dos Animais de Nova Iorque. Poderia não existir uma entidade preocupada com os direitos da criança, mas já existia uma entidade protetora dos animais.

Argumentou a entidade que se aquela criança fosse um cachorro, um gato ou um cavalo, que estivesse submetida àquele tratamento, teria ela legitimidade para agir e então, com maior razão, tratando-se de um ser humano.

Instalou-se uma nova era no Direito.

A criança que, no início do século XIX, era tratada como "coisa" passou a reclamar ao menos a condição de objeto da proteção do Estado.

Estava nascendo o Direito de Menores. Este caso, quando foi registrado o primeiro processo judicial efetivo tendo como causa maus-tratos causados a uma menina de nove anos de idade pelos seus próprios pais, originou, de membros daquela sociedade protetora dos animais, o surgimento da primeira liga de proteção à infância, *Save the Children of World*,[24] que se tornou um organismo internacional. Já em 1899, ao apagar das luzes do século XIX, instalava-se no Estado Americano de Illinois o Primeiro Tribunal de Menores do mundo.

---

[24] Hoppe, Marcel. A questão da Violência. in *Indiferença – derrube este muro*. Anais do seminário de criança e do adolescente. Porto Alegre: Associação dos Procuradores do Município de Porto Alegre, 1996, p. 16.

3. O século XX
De menor a cidadão

Enquanto o movimento de direito das mulheres iniciou o século XX reivindicando o direito ao voto e à igualdade de oportunidades e direitos em relação aos homens, cuja marcha naquele distante 8 de março fixou seu marco, o movimento pelos direitos das crianças inaugurou este tempo reclamando o reconhecimento de sua condição distinta em relação ao mundo adulto.

O primeiro Tribunal de Menores foi criado em Illinois, EUA, em 1899.

Em decorrência da experiência americana e por esta influenciada, outros países aderiram à criação de Tribunais de Menores, criando seus próprios juízos especiais: Inglaterra em 1905, Alemanha em 1908, Portugal e Hungria em 1911, França em 1912, Argentina em 1921, Japão em 1922, Brasil em 1923,[25] Espanha em 1924, México em 1927 e Chile em 1928.[26]

Paralelamente, veio se construindo a Doutrina do Direito do Menor, fundada no binômio carência/delinquência. Se não mais se confundiam adultos com crianças, desta nova concepção resulta um outro mal: a consequente criminalização da pobreza.

---

[25] Pelo Decreto Federal nº 16.273, de 20/12/23, foi criado o primeiro juízo de menores, no Rio de Janeiro, então Distrito Federal.

[26] Mendez, Emílio Garcia. *Infância e Cidadania na América Latina*. São Paulo: Hucitec, 1998, p. 52.

Sobre o tema, fazem-se extraordinárias as lições de Emílio Garcia Mendez[27] e de Martha Toledo Machado.[28] Dois episódios foram fundamentais, do ponto de vista da afirmação do Direito do Menor no início do século XX.

O primeiro episódio foi a realização do *Primeiro Congresso Internacional de Menores*, em Paris, no período de 29 de junho a 1º de julho de 1911. Este evento, como destaca Emílio Garcia Mendez,[29] foi de grande importância, não apenas em face do destaque dos juristas que dele participaram, tendo influenciado diretamente a criação dos juízos de menores por toda a Europa e pela América Latina, como especialmente porque assentou os princípios do novo direito.

O mesmo Emílio Garcia Mendez, analisando as conclusões deste Congresso, destaca: "que servem para legitimar as reformas da justiça de menores as espantosas condições de vida nos cárceres onde os menores eram alojados de forma indiscriminada com adultos e a formalidade e a inflexibilidade da lei penal que, obrigando a respeitar entre outros, os princípios da legalidade e de determinação da condenação, impediam a tarefa de repressão-proteção, própria do direito de *menores*".[30]

A política era de supressão de garantias (como o princípio da legalidade) para assegurar a "proteção" dos menores. Para combater um mal, a indistinção de tratamento entre adultos e crianças, criava-se, em nome do amor à infância, aquilo que resultou um monstro: o caráter tutelar da justiça de menores, igualando desiguais.

Em nome do amor estavam sendo lançados os fundamentos da Doutrina da Situação Irregular, consagrando o binômio carência/delinquência.

---

[27] Op. cit., p. 52.
[28] Machado, Martha de Toledo. *A Proteção Constitucional de crianças e adolescente e os direitos humanos*. São Paulo: Manole, 2003, p. 35 e segs.
[29] Op. cit., p. 53.
[30] Op. cit., p. 53.

A caminhada de proteção dos direitos da infância colocava como pressuposto a superação de garantias como o princípio da legalidade, em face da suposta figura de um juiz investido de todas as prerrogativas do bom *pater familiae*.

Martha de Toledo Machado[31] destaca esta situação, analisando as conclusões do Congresso de Paris, sendo ilustrativa desta nova postura do Direito em face aos menores a ideia fundante resultante daquele conclave: "a pedra angular das reformas consiste em alterar substancialmente as funções do juiz. O delegado belga no Congresso de Paris, o famoso professor de Direito Penal A. Prins, afirma que a jurisdição de menores deve possuir caráter familiar e que o juiz de menores deve ser um pai e um juiz de vigilância (Atas, 1912, p. 61)".[32]

Os fundamentos da Doutrina da Situação Irregular estavam lançados e, como destaca Emílio Garcia Mendez, a própria pauta do Congresso se fazia reveladora do espírito que a norteava:

"a) Deve existir uma jurisdição especial de menores? Sobre que princípios e diretrizes deverão se apoiar tais tribunais para obter um máximo de eficácia na luta contra a criminalidade juvenil?

b) Qual deve ser a função das instituições de caridade ante os tribunais e o Estado?

c) O problema da liberdade vigiada ou probatória. Funções dos tribunais depois da sentença."

O segundo episódio relevante no contexto internacional no início do século XX em face do Direito da Criança foi a Declaração de Genebra de Direitos da Criança, que foi adotada pela Liga das Nações em 1924, constituindo-se, na linha da Doutrina da Situação Irregular, no primeiro ins-

---
[31] Machado, Martha de Toledo. Op. cit.
[32] Mendez, E. G. Op. cit., p. 56.

trumento internacional a reconhecer a ideia de um Direito da Criança.[33]

Lançavam-se, desse modo, os fundamentos de um Direito da Criança, a reafirmar, mais uma vez, as palavras de John Stuart Mill.

3.1. A Lei 4.242 de 1922. A Lei de Assistência Social dos Menores Delinquentes e Abandonados de 1923, o Código de Mello Mattos de 1927. Consolidação das Leis Penais. A imputabilidade penal objetiva aos 14 anos e a submissão dos menores entre quatorze anos e dezoito anos às regras do Código Mello Mattos.

Foi neste contexto do início de século, marcado pelo caráter tutelar deste novo direito, no surgimento dos grandes aglomerados urbanos, da preocupação com o crescimento da delinquência juvenil, a partir das premissas do Congresso de Paris, que se estabeleceram os fundamentos das legislações de menores no mundo, com o abandono do chamado caráter penal indiferenciado, adotando doravante caráter tutelar. Assim também no Brasil.

O perverso binômio carência/delinquência, que marcou a lógica operativa deste sistema, e a resultante confusão conceitual, não distinguindo os abandonados dos infratores, até hoje presente na cultura brasileira, foi o fundamento das primeiras legislações brasileiras em relação ao Novo Direito da Criança.

---

[33] A Declaração dos Direitos da Criança, em 1959; as Regras Mínimas das Nações Unidas para a Administração da Justiça de Menores, conhecidas como regras de Beijing, em 29.11.1985; a Convenção da ONU de Direitos da Criança em 20.11.1989; as Regras das Nações Unidas para a Proteção dos Menores Privados de Liberdade, de 14.12.1990 e as Diretrizes das Nações Unidas para a Prevenção da Delinquência Juvenil, Conhecidas como Diretrizes de Riad, de 14.12.1990, irão compor mais tarde o novo perfil da normativa internacional, consagrando a Doutrina da Proteção Integral dos Direitos da Criança.

Na linha deste caráter tutelar da norma, a nova ordem acabava por distinguir as crianças bem-nascidas daquelas excluídas, estabelecendo uma identificação entre a infância socialmente desvalida e a infância "delinquente", criando uma nova categoria jurídica: os menores.

Diz Martha Toledo Machado: "esta nova categoria expressa no binômio carência/delinquência, aliada à distinção que se fez entre a infância ali inserida e as *boas crianças*, vai conformar todo o direito material da Infância e da Juventude e as instâncias judiciais criadas para aplicação desse direito especial, que, ele sim, já nasceu *menor*".[34]

João Bonumá traduz bem os primeiros passos dessa lógica, em sua versão brasileira, no início do século XX, e que acabou por produzir a doutrina da situação irregular, em obra publicada em 1913, sob o sugestivo título apto a traduzir o espírito dessa doutrina: "Menores abandonados e criminosos".

Naquela época reclamava o autor providência legislativa afirmando que "o problema da infância desvalida e da infância criminosa avulta entre nós fantasticamente".

Do trabalho de Bonumá, publicado no alvorecer do século XX, se extrai considerações que permanecem atuais:

"Desde muito, os sociólogos, os criminalistas, os jurisconsultos mais eminentes vêm demonstrando, baseados nos argumentos irrespondíveis da estatística, que uma das causas do aumento espantoso da criminalidade nos grandes centros urbanos é a corrupção da infância que, balda de educação e de cuidados por parte da família e da sociedade, é recrutada para as fileiras do exército do mal.

---

[34] Sentencia Martha Toledo Machado: "Tal mecanismo histórico é estritamente ideológico porque nasceu e se desenvolveu sempre e em todas as comunidades absolutamente desvinculado da realidade fática. Isto porque, se é fato que boa parte dos jovens autores de condutas criminosas eram e são oriundos dos segmentos menos favorecidos da população, também é fato que a imensa maioria das crianças desvalidas nunca praticou qualquer ato definido como crime, seja no Brasil do século XX, seja na Europa ou nos Estados Unidos dos séculos XVIII e XIX.".

Contra esse aumento da criminalidade têm sido tentados muitos remédios, mas infelizmente filiados a uma velha terapêutica social que já deveria para felicidade nossa ser relegada para o rol das coisas imprestáveis.

Essa terapêutica é aumentar a crueldade das punições, requintar os suplícios lentos e atrozes das longas reclusões, prodigalizar a pena de morte, procurando, pelo critério avelhantado da intimidação, evitar o surto de criminalidade.

Erro fatal no qual se obstinam ainda quase todas as legislações de hoje, na teimosia sistemática de querer debelar um mal social com a aplicação de penas arbitrárias e contraproducentes.

O resultado dessa representação aí está perante os olhos de quantos queiram observá-lo; a França, por exemplo, duplica a severidade das punições e vê, no espaço relativamente acanhado de 75 anos, a criminalidade infantil quintuplicar. Nos outros países da Europa e da América, o mesmo fenômeno reproduz-se.

"É que o crime, como mal social que é, só pode ser refreado e combatido com remédios também sociais; atacá-lo nos seus efeitos somente, punindo o delinquente, é perseverar no labor inglório de Sisypho. Combatê-lo é combater-lhe as causas para atenuar-lhe os efeitos".[35]

Entre 1921 e 1927, importantes inovações legislativas foram introduzidas na ordem jurídica brasileira.

A Lei 4.242, de 5 de janeiro de 1921, abandonando o sistema biopsicológico vigente desde o Código Penal da República, em 1890, afirma, em seu art. 3º, § 16, a exclusão de qualquer processo penal de menores que não tivessem completado quatorze anos de idade. Adotava um critério objetivo de imputabilidade penal, fixando-a em 14 anos.

Contemporaneamente a isso, o Decreto nº 16.272, de 20 de dezembro de 1923, criava as primeiras normas de As-

---

[35] Bonumá, João. *Menores abandonados e criminosos*. Santa Maria: Oficinas graphicas da Papelaria União, 1913, p. 127.

sistência Social visando a "proteger os menores abandonados e delinquentes".

Cumprindo uma tendência internacional, inaugurada com a criação do primeiro Juizado de Menores em Chicago, em 1899; com o Decreto 17.943-A, de 12 de outubro de 1927, estabelecia-se no Brasil o Código de Menores (Código Mello Mattos). Definia: "quando com idade maior de 14 anos e inferior a 18 anos, submeter-se-ia o menor abandonado ou delinquente ao regime estabelecido neste Código",[36] explicitando situações de incidência da norma, que cinquenta anos depois seriam praticamente reproduzidas no art. 2º do Código de Menores de 1979.[37]

O Decreto 22.213, de 14 de dezembro de 1932,[38] conhecido como Consolidação das Leis Penais, afirmou novamente que não são criminosos os menores de 14 anos (art. 27,

---

[36] Koerner Júnior, Rolf. Op. cit., p. 125/126.

[37] "Art. 26. Consideram-se abandonados os menores de 18 anos: I – que não tenham habitação certa, nem meios de subsistência, por serem seus pais falecidos, desaparecidos ou desconhecidos, ou por não terem tutor ou pessoas sob cuja guarda vivam; II – que se encontrem eventualmente sem habitação certa, nem meios de subsistência, devido à indigência, enfermidade, ausência ou prisão dos pais, tutor ou pessoa encarregada de sua guarda; III – que tenham pai, mãe, tutor ou encarregado de sua guarda reconhecidamente impossibilitado ou incapaz de cumprir os seus deveres para com o filho, ou pupilo ou protegido; IV – que vivam em companhia de pai, mãe, tutor ou pessoa que se entregue à prática de atos contrários à moral e aos bons costumes; V – que se encontrem em estado habitual de vadiagem, mendicidade ou libertinagem; VI – que frequentem lugares de jogo ou de moralidade duvidosa, ou andem em companhia de gente viciosa ou de má vida; VII – que, devido à crueldade, abuso de autoridade, negligência ou exploração dos pais, tutores ou encarregados de sua guarda, sejam: a) vítimas de maus tratos físicos habituais ou castigos imoderados; b) privados habitualmente dos alimentos ou dos cuidados indispensáveis à saúde; c) empregados em ocupações proibidas ou manifestamente contrárias à moral e aos bons costumes, ou que lhes ponha em risco a vida ou a saúde; d) excitados habitualmente para a gatunice, mendicidade ou libertinagem. VIII – que tenham pai, mãe, tutor ou pessoa encarregada de sua guarda condenada por sentença com trânsito em julgado: a) a mais de dois anos de prisão por qualquer crime; b) a qualquer pena como coautor ou cúmplice, encobridor ou receptador de crime cometido por filho, pupilo ou menor sob sua guarda, ou por crime contra estes."

[38] Composta de quatro livros e quatrocentos e dez artigos, a Consolidação das Leis Penais realizada pelo Desembargador Vicente Piragibe, passou a ser, de maneira precária, o Estatuto Penal Brasileiro até o Código de 1940, mantendo a idade penal em 14 anos, produzindo conflito com o Código de Mello Mattos.

§ 1º), estabelecendo, porém, um conflito com o Código de Mello Mattos, pois submetia os menores de dezoito anos e maiores de quatorze ao Sistema Penal adulto.

Estabelecia-se um conflito entre o Código de Mello Mattos, que reconhecia a situação de menor àqueles com menos de dezoitos anos e a Consolidação das Leis Penais, que mantinha a idade penal em 14 anos. Ou seja, na faixa entre 14 e 18 anos, o Código de Mello Mattos era aplicável apenas em casos de violação de direitos, abandono, etc. Se a questão fosse criminal, o "menor" era tratado como adulto. A questão somente veio a ser equacionada com o advento do Código Penal de 1940.

3.2. O avanço do Direito das Mulheres. Um necessário paralelo com o Direito da Criança enquanto luta pelos Direitos Humanos. O voto feminino. Os projetos para um Novo Código Penal Brasileiro.

Enquanto se desenvolvia todo o movimento internacional em face dos direitos da criança, também o movimento de direitos da mulher se afirmava no mundo.

No Brasil, em 1917, Deolinda Dalto liderou uma passeata de 84 "sufragettes" no Rio de Janeiro. Era a luta pelo voto feminino. Em 1918, Berta Lutz propõe a criação de uma Associação de Mulheres, visando a centralizar os esforços para intensificar a luta pelo voto.

No ano de 1928, antecipando-se aos demais estados brasileiros, o Estado do Rio Grande do Norte se fez pioneiro no direito ao voto feminino. Juvenal Lamartine, Governador do Rio Grande do Norte, inspirado na aprovação do projeto de lei pelo Senado que dispunha a capacidade eleitoral da mulher aos 21 anos, antecipou-se à União e introduziu na Constituição do seu Estado a alteração da Legislação Eleitoral, proporcionando às mulheres o direito ao voto.

Naquele ano, no Estado do Rio Grande do Norte, é eleita a primeira Prefeita do Brasil: Alzira Soriano de Souza, no Município de Lages.

Em 1932, o Governo de Getúlio Vargas promulgou o novo Código Eleitoral, garantindo à mulher o direito de votar.

A Constituição de 1937, que inaugurou o Estado Novo na Ditadura Vargas, manteve a igualdade entre os sexos, estabelecida em 1934.

Neste período, de grande inquietação política, como demonstra o professor Rolf Koerner Júnior,[39] destacam-se pelo menos três projetos para um Novo Código Penal Brasileiro, em substituição à Consolidação das Leis Penais de 1922, que apenas reformara o Código Penal de 1890.

Pelo projeto de Galdino Siqueira, art. 13, I, a imputabilidade penal era fixada aos 14 anos, retomando a ideia do Código Penal de 1890 (art. 13, I). No projeto Sá Pereira, em seu art. 20, a idade era fixada em 16 anos; enquanto a Proposta de Alcântara Machado, que acabou prevalecendo neste aspecto quando do advento do Código Penal de 1940, a imputabilidade penal era fixada aos 18 anos (art. 16, nº 1).

3.3. O Código Penal de 1940. A "imaturidade do menor". A imputabilidade penal aos dezoito anos.

Na linha do direito de caráter tutelar vigente, o tema da responsabilidade juvenil no Código Penal de 1940 fundou-se na condição de imaturidade do menor.

É expressa a exposição de motivos do Código Penal de 1940 ao afirmar que: "Não cuida o projeto dos imaturos (menores de 18 anos) senão para declara-los inteira e irrestritamente fora do direito penal (art. 23), sujeitos apenas à pedagogia corretiva da legislação especial".

---
[39] Op. cit., p. 126.

A legislação especial a que alude mantinha como objeto de sua atuação, sem distinção, os delinquentes e os abandonados.

No Governo de Getúlio Vargas, para atendimento desta clientela, em 1942, é criado o SAM, Serviço de Assistência aos Menores.

Tratava-se o SAM, nas palavras de Antônio Carlos Gomes da Costa, de um órgão de Ministério da Justiça que funcionava como um equivalente do Sistema Penitenciário para a população menor de idade. A orientação do SAM é, antes de tudo, correcional-repressiva, e seu sistema baseava-se em internatos (reformatórios e casas de correção) para adolescentes autores de infração penal e de patronatos agrícolas e escolas de aprendizagem de ofícios urbanos para os menores carentes e abandonados.[40] Estava lançado o embrião do que seria mais tarde a FUNABEM, berço de todas as FEBEMs.

A ideia de incapacidade dos menores, colocados como insusceptíveis de qualquer responsabilidade, os colocava em uma condição similar aos inimputáveis por sofrimento psíquico, tanto que as medidas aplicáveis aos menores se faziam por tempo indeterminado, em um caráter muito semelhante à medida de segurança aplicável aos inimputáveis por incapacidade mental.

A ideia de irresponsabilidade absoluta do menor (que até hoje confunde a muitos, mesmo com a vigência do Estatuto da Criança e do Adolescente – Lei 8.069/90) resulta da cultura tutelar, fundamento da Doutrina da Situação Irregular.

A par disso, na marcha inexorável pelos Direitos Humanos, o final da década de quarenta, superado o horror da Segunda Guerra Mundial, é marcado pelo advento, em 1948, da Declaração Universal dos Direitos do Homem. Onze anos depois, a ONU iria produzir um novo documen-

---
[40] Costa, Antonio Carlos Gomes da. Op. cit., p. 14.

to fundamental, a Declaração dos Direitos da Criança, afirmando, fundamentalmente, o direito à infância.

3.4. A Declaração Universal dos Direitos da Criança. O Estatuto da Mulher Casada. A Criação da FUNABEM.

A Declaração dos Direitos da Criança, adotada pela Assembleia das Nações Unidas de 20 de novembro de 1959[41] e ratificada pelo Brasil, se constitui em um novo episódio fundamental no ordenamento jurídico internacional

---

[41] PREÂMBULO
VISTO que os povos da Nações Unidas, na Carta, reafirmaram sua fé nos direitos humanos fundamentais, na dignidade e no valor do ser humano, e resolveram promover o progresso social e melhores condições de vida dentro de uma liberdade mais ampla,
VISTO que as Nações Unidas, na Declaração Universal dos Direitos Humanos, proclamaram que todo homem tem capacidade para gozar os direitos e as liberdades nela estabelecidos, sem distinção de qualquer espécie, seja de raça, cor, sexo, língua, religião, opinião política ou de outra natureza, origem nacional ou social, riqueza, nascimento ou qualquer outra condição,
VISTO que a criança, em decorrência de sua imaturidade física e mental, precisa de proteção e cuidados especiais, inclusive proteção legal apropriada, antes e depois do nascimento,
VISTO que a necessidade de tal proteção foi enunciada na Declaração dos Direitos da Criança em Genebra, de 1924, e reconhecida na Declaração Universal dos Direitos Humanos e nos estatutos das agências especializadas e organizações internacionais interessadas no bem-estar da criança,
Visto que a humanidade deve à criança o melhor de seus esforços,
ASSIM, A ASSEMBLEIA GERAL
PROCLAMA esta Declaração dos Direitos da Criança, visando que a criança tenha uma infância feliz e possa gozar, em seu próprio benefício e no da sociedade, os direitos e as liberdades aqui enunciados e apela a que os pais, os homens e as melhores em sua qualidade de indivíduos, e as organizações voluntárias, as autoridades locais e os Governos nacionais reconheçam este direitos e se empenhem pela sua observância mediante medidas legislativas e de outra natureza, progressivamente instituídas, de conformidade com os seguintes princípios:
PRINCÍPIO 1º A criança gozará todos os direitos enunciados nesta Declaração. Todas as crianças, absolutamente sem qualquer exceção, serão credoras destes direitos, sem distinção ou discriminação por motivo de raça, cor, sexo, língua, religião, opinião política ou de outra natureza, origem nacional ou social, riqueza, nascimento ou qualquer outra condição, quer sua ou de sua família.
PRINCÍPIO 2º A criança gozará proteção social e ser-lhe-ão proporcionadas oportunidade e facilidades, por lei e por outros meios, a fim de lhe facultar o desenvolvimento físico, mental, moral, espiritual e social, de forma sadia e normal e em

na afirmação dos direitos da criança. É lançado neste documento o embrião de uma nova concepção jurídica de infância, que irá evoluir, no final da década de oitenta, no século XX, para a formulação da Doutrina da Proteção Integral.

condições de liberdade e dignidade. Na instituição das leis visando este objetivo levar-se-ão em conta sobretudo, os melhores interesses da criança.

PRINCÍPIO 3º Desde o nascimento, toda criança terá direito a um nome e a uma nacionalidade.

PRINCÍPIO 4º A criança gozará os benefícios da previdência social. Terá direito a crescer e criar-se com saúde; para isto, tanto à criança como à mãe, serão proporcionados cuidados e proteção especiais, inclusive adequados cuidados pré e pós-natais. A criança terá direito a alimentação, recreação e assistência médica adequadas.

PRINCÍPIO 5º À criança incapacitada física, mental ou socialmente serão proporcionados o tratamento, a educação e os cuidados especiais exigidos pela sua condição peculiar.

PRINCÍPIO 6º Para o desenvolvimento completo e harmonioso de sua personalidade, a criança precisa de amor e compreensão. Criar-se-á, sempre que possível, aos cuidados e sob a responsabilidade dos pais e, em qualquer hipótese, num ambiente de afeto e de segurança moral e material, salvo circunstâncias excepcionais, a criança da tenra idade não será apartada da mãe. À sociedade e às autoridades públicas caberá a obrigação de propiciar cuidados especiais às crianças sem família e aquelas que carecem de meios adequados de subsistência. É desejável a prestação de ajuda oficial e de outra natureza em prol da manutenção dos filhos de famílias numerosas.

PRINCÍPIO 7º A criança terá direito a receber educação, que será gratuita e compulsória pelo menos no grau primário. Ser-lhe-á propiciada uma educação capaz de promover a sua cultura geral e capacitá-la, em condições de iguais oportunidades, desenvolver as suas aptidões, sua capacidade de emitir juízo e seu senso de responsabilidade moral e social, e a tornar-se um membro útil da sociedade. Os melhores interesses da criança serão a diretriz a nortear os responsáveis pela sua educação e orientação; esta responsabilidade cabe, em primeiro lugar, aos pais. A criança terá ampla oportunidade para brincar e divertir-se, visando os propósitos mesmos da sua educação; a sociedade e as autoridades públicas empenhar-se-ão em promover o gozo deste direito.

PRINCÍPIO 8º A criança figurará, em quaisquer circunstâncias, entre os primeiros a receber proteção e socorro.

PRINCÍPIO 9º A criança gozará proteção contra quaisquer formas de negligência, crueldade e exploração. Não será jamais objeto de tráfico, sob qualquer forma.

Não será permitido à criança empregar-se antes da idade mínima conveniente; de nenhuma forma será levada a ou ser-lhe-á permitido empenhar-se em qualquer ocupação ou emprego que lhe prejudique a saúde ou a educação ou que interfira em seu desenvolvimento físico, mental ou moral.

PRINCÍPIO 10º A criança gozará proteção contra atos que possam suscitar discriminação racial, religiosa ou de qualquer outra natureza. Criar-se-á num ambiente de compreensão, de tolerância, de amizade entre os povos, de paz e de fraternidade universal e em plena consciência que seu esforço e aptidão devem ser postos a serviço de seus semelhantes.

Ainda impregnada pela cultura tutelar, a legislação internacional começava a esboçar os primeiros passos para promover a criança de sua condição de objeto da norma, conquistada no início do século XX, superada a etapa da indiferença, para a nova condição (a partir da Convenção das Nações Unidas de Direito da Criança) de sujeito do processo, titular de direitos e obrigações próprios de sua peculiar condição de pessoa em desenvolvimento.

Neste contexto, de final dos anos cinquenta e início dos anos sessenta, estabelece-se uma importante fase de afirmação dos Direitos Humanos. Nos Estados Unidos, os negros obtêm importantes avanços, sob o comando de Martin Luther King, sendo emblemático o episódio de acesso à Universidade em condições igualitárias com os brancos, como o famoso caso do Estado de Alabama.

Este permanente paralelo entre os diversos movimentos de afirmação de direitos faz-se imprescindível para compreender o conjunto dos avanços.

3.4.1. A mulher brasileira alcança o status de plena capacidade para o exercício pessoal dos atos da vida civil. A superação do paradigma da incapacidade pela mulher.

No Brasil, somente em 1962 (depois, portanto, da Declaração dos Direitos da Criança), é que a mulher casada brasileira alcança uma condição de dignidade frente ao tratamento desfavorável que a legislação lhe colocava, impondo a ela, até aquele instante, uma situação subalterna frente ao marido. Foi com o advento da Lei 4.121, de 27.08.1962, conhecida como Estatuto da Mulher Casada, que a mulher brasileira passou a desfrutar de certos direitos em condição igualitária ao homem, na medida em que até aquele momento se fazia dependente do marido para a realização de negócios. Até aquele instante não poderia ser tutora ou curadora, não podia litigar em juízo cível ou comercial, exercer qualquer profissão, contrair obrigações ou aceitar mandato, sem autorização marital.

A Lei 4.121 foi saudada como a lei da abolição da incapacidade feminina. Até então a mulher poderia "ter", mas não poderia "ser". Foram revogadas diversas normas. O Código Civil, liberal no plano econômico, era machista no plano civil. Considerava a mulher relativamente incapaz – do mesmo modo que os filhos púberes, dos pródigos e dos silvícolas. São introduzidas importantes alterações no Código Civil vigente, alterando-se seus arts. 6º, 233, 240, 242, 246, 248, 263, 269, 273, 326, 380, 393, 1.579 e 1.611. O processo de afirmação de direitos da mulher virá a se consolidar mais tarde na Lei 6.515/77 (Lei do Divórcio) e no texto da Constituição Federal de 1988.

À época, a edição do Estatuto da Mulher Casada repercutiu no discurso machista. A afirmação de direitos da mulher implicaria, segundo aquele, uma quebra da "hierarquia doméstica". Não é à toa que foi somente com a Constituição de 1988 que o marido perdeu a condição de "chefe da sociedade conjugal". Ainda hoje, tanto no âmbito da escola como nas famílias, o Estatuto da Criança e do Adolescente é apontado como "culpado" por uma suposta perda da autoridade dos pais ou dos professores, em uma versão contemporânea, em relação à criança, do que ocorreu ao tempo do Estatuto da Mulher Casada em relação à mulher. O exercício de direitos, em uma lógica autoritária, é confundido com a ausência de responsabilidade.

3.4.2. A Política Nacional de Bem-Estar do Menor

Desde o final da Ditadura Vargas, especialmente com o advento da Constituição Federal de 1946, o país viveu um período de inspiração liberal. Em 1964, todavia, estabeleceu-se uma ruptura, com a instalação da Ditadura Militar.

A Lei 4.513/64 estabelecia a Política Nacional de Bem-Estar do Menor, criando-se uma gestão centralizadora e vertical, baseada em padrões uniformes de atenção direta implementados por órgãos executores inteiramente uniformes em termos de conteúdo, método e gestão.[42]

A FUNABEM foi concebida como sucessora do SAM, visando a superar o histórico de violência que acabou marcando o funcionamento do Serviço de Assistência ao Menor criado no governo Getúlio Vargas. Como a FUNABEM incorporou o SAM, levou consigo todos os seus vícios.

O órgão nacional gestor desta nova política passa a ser a FUNABEM (Fundação Nacional do Bem-Estar do Menor), e os órgãos executores estaduais eram as FEBEMs (Fundações Estaduais do Bem-Estar do Menor).

Esta ordem legislativa (que teria mais adiante seu arcabouço completado pelo Código de Menores de 1979 – Lei 6.697/79) não se dirigia ao conjunto da população infanto-juvenil brasileira. Movida pela Doutrina da Situação Irregular, tinha por destinatários apenas as crianças e jovens considerados em situação irregular, onde se incluíam aqueles menores em estado de necessidade em razão da manifesta incapacidade dos pais para mantê-los, colocando-os na condição de objeto potencial de intervenção do sistema de Justiça, os Juizados de Menores.

O caráter tutelar da legislação, a ideia de criminalização da pobreza cujos fundamentos jurídicos remontam ao Congresso de Paris antes mencionado, alcança seu ápice, vindo a culminar com o advento do Código de Menores de 1979.

3.5. O Código de Menores, Lei 6.697/79. A Doutrina de Situação Irregular. A Lei 7.209/84 e a reforma do Código Penal. A imputabilidade penal mantida em dezoito anos por uma decisão de política criminal.

A Doutrina da Situação Irregular foi a ideologia inspiradora do Código de Menores, Lei 6.697, de 10.10.1979.

---
[42] Costa, Antônio Carlos Gomes da. Op. cit., p. 18.

Esta Doutrina pode ser sucintamente definida como sendo aquela em que os menores passam a ser objeto da norma quando se encontrarem em estado de patologia social.[43]

O Código de Menores incluía praticamente 70% da população infanto-juvenil brasileira nesta condição,[44] permitindo que mais tarde se afirmasse que quem estava em situação irregular era o Estado brasileiro.

Por esta ideologia, "os menores" tornam-se interesse do direito especial quando apresentam uma "patologia social", a chamada situação irregular, ou seja, quando não se ajustam ao padrão estabelecido.

A declaração de situação irregular tanto pode derivar de sua conduta pessoal (caso de infrações por ele praticadas ou de "desvio de conduta"), como da família (maus-tratos) ou da própria sociedade (abandono). Haveria uma situação irregular, uma "moléstia social", sem distinguir, com clareza, situações decorrentes da conduta do jovem ou daqueles que o cercam.

Reforça-se a ideia dos grandes institutos para "menores" (até hoje presentes em alguns setores da cultura nacional), onde se misturavam infratores e abandonados, vitimizados por abandono e maus-tratos com vitimizadores autores de conduta infracional, partindo do pressupos-

---

[43] Sobre o tema, em estudo anterior: Saraiva, João Batista Costa. *Direito Penal Juvenil. Adolescente e Ato Infracional*: Garantias Processuais e Medidas Socioeducativas. 2ª ed. Porto Alegre: Livraria do Advogado, 2002, p. 14.

[44] Código de Menores, Lei 6.697/79, art. 2º: "Para os efeitos deste Código, considera-se em situação irregular o menor: I – privado de condições essenciais à sua subsistência, saúde e instrução obrigatória, ainda que eventualmente, em razão de: a) falta, ação ou omissão dos pais ou responsável; b) manifesta impossibilidade dos pais ou responsável para provê-las; II – vítima de maus tratos ou castigos imoderados impostos pelos pais ou responsável; III – em perigo moral, devido a: a) encontrar-se, de modo habitual, em ambiente contrário aos bons costumes; b) exploração de atividade contrária aos bons costumes; IV – privado de representação ou assistência legal, pela falta eventual dos pais ou responsável; V – com desvio de conduta, em virtude de grave inadaptação familiar ou comunitária; VI – autor de infração penal.".

to de que todos estariam na mesma condição: estariam em "situação irregular".[45]

Mary Beloff, professora de Direito Penal Juvenil na Faculdade de Direito da Universidade de Buenos Aires, resume uma série de distinções entre a Doutrina da Situação Irregular, que presidia o Código de Menores e as legislações latino-americanas da época, derrogados pela Convenção das Nações Unidas de Direito da Criança, e a Doutrina da Proteção Integral resultante da nova ordem internacional.[46]

Do trabalho de Mary Beloff, extraem-se como características da Doutrina da Situação Irregular:

a) as crianças e os jovens aparecem como objetos de proteção, não são reconhecidos como sujeitos de direitos, e sim como incapazes. Por isso as leis não são para toda a infância e adolescência, mas sim para os "menores";

b) Utilizam-se categorias vagas e ambíguas, figuras jurídicas de "tipo aberto", de difícil apreensão desde a perspectiva do direito, tais como "menores em situação de risco ou perigo moral ou material", ou "em situação de risco", ou "em circunstâncias especialmente difíceis", enfim estabelece-se o paradigma da ambiguidade;

c) Neste sistema, é o menor que está em situação irregular; são suas condições pessoais, familiares e sociais que o convertem em um "menor em situação irregular" e por isso objeto de uma intervenção estatal coercitiva, tanto ele como sua família;

---

[45] No contexto latino-americano, a ideia da criminalização da pobreza se constituiu no norte para a construção do "sistema de atenção aos menores", na lógica da Doutrina Tutelar, da situação irregular. Eduardo Galeano, no notável "De Pernas Pro Ar: a Escola do Mundo ao Avesso" (LP&M, 1999), refere que "no primeiro Congresso Policial Sul-Americano, celebrado em Montevidéu em 1979, a polícia colombiana explicou que "o aumento crescente da população com menos de dezoito anos induz à estimativa de maior população POTENCIALMENTE DELINQUENTE" (Maiúsculas no original), p. 18.

[46] Beloff, Mary. *Modelo de la Protección Integral de los derechos Del niño y de la situación irregular*: um modelo para armar y outro para desarmar. In Justicia y Derechos Del Niño. Santiago de Chile: UNICEF, 1999, p. 9/21.

d) Estabelece-se uma distinção entre as crianças bem-nascidas e aqueles em "situação irregular", entre criança e menor, de sorte que as eventuais questões relativas àquelas serão objeto do Direito de Família e destes dos Juizados de Menores;

e) Surge a ideia de que a proteção da lei visa aos menores, consagrando o conceito de que estes são "objeto de proteção" da norma;

f) Esta "proteção" frequentemente viola ou restringe direitos, porque não é concebida desde a perspectiva dos direitos fundamentais;

g) Aparece a ideia de incapacidade do menor;

h) Decorrente deste conceito de incapacidade, a opinião da criança faz-se irrelevante;

i) Nesta mesma lógica se afeta a função jurisdicional, já que o Juiz de Menores deve ocupar-se não somente de questões tipicamente judiciais, mas também de suprir as deficiências de falta de políticas públicas adequadas. Por isso se espera que o Juiz atue como um "bom pai de família" em sua missão de encarregado do "patronato" do Estado sobre estes "menores em situação de risco ou perigo moral ou material". Disso resulta que o Juiz de Menores não está limitado pela lei e tenha faculdades ilimitadas e onipotentes de disposição e intervenção sobre a família e a criança, com amplo poder discricionário;

j) Há uma centralização do atendimento;

k) Estabelece-se uma indistinção entre crianças e adolescentes que cometem delito com questões relacionadas com as políticas sociais e de assistência, conhecido como "sequestro e judicialização dos problemas sociais";

l) Deste modo, instala-se uma nova categoria, de "menor abandonado/delinquente" e se "inventa" a delinquência juvenil;

m) Como consequência deste conjunto, desconhecem-se todas as garantias reconhecidas pelos diferentes sistemas jurídicos no Estado de Direito, garantias estas que não são somente para pessoas adultas;

n) Principalmente, a medida por excelência que é adotada pelos Juizados de Menores, tanto para os infratores da lei penal quanto para as "vítimas" ou "protegidos", será a privação de liberdade. Todas estas medidas impostas por tempo indeterminado;

o) Consideram-se as crianças e os adolescentes como inimputáveis penalmente em face dos atos infracionais praticados. Esta ação "protetiva" resulta que não lhes será assegurado um processo com todas as garantias que têm os adultos, e que a decisão de privá-los de liberdade ou de aplicação de qualquer outra medida, não dependerá necessariamente do fato cometido, mas sim, precisamente, da circunstância de a criança ou o adolescente encontrar-se em "situação de risco".

Neste tempo de vigência do Código de Menores, a grande maioria da população infanto-juvenil recolhida às entidades de internação do sistema FEBEM no Brasil, na ordem de 80%, era formada por crianças e adolescentes, "menores", que não eram autores de fatos definidos como crime na legislação penal brasileira. Estava consagrado um sistema de controle da pobreza, que Emílio Garcia Mendez define como sociopenal, na medida em que se aplicavam sanções de privação de liberdade a situações não tipificadas como delito, subtraindo-se garantias processuais. Prendiam a vítima. Esta também era, por consequência, a ordem que imperava nos Juizados de Menores.

A criminalização da pobreza, a judicialização da questão social na órbita do então Direito do Menor, que orientava os Juizados de Menores da época, pode ser bem definida a partir da experiência da instalação do Juizado da Infância e Juventude de Porto Alegre, nos primeiros instantes de vigência do Estatuto da Criança e do Adolescente, no final de 1990, início de 1991.

Quando o Juiz Marcel Hoppe foi incumbido de instalar o novo Direito da Infância e da Juventude na Capital do Rio Grande do Sul, construindo um novo Juizado da Infância e Juventude, encontrou mais de vinte e cinco mil processos em tramitação no Juizado. Realizada uma triagem nos processos, verificados quais efetivamente envolviam questões jurisdicionais, sob a ótica do novo direito, os feitos foram reduzidos para pouco mais de três mil.[47]

A implantação da nova ordem em substituição ao que havia no Juizado da Infância e Juventude de Porto Alegre veio a ser mais tarde reconhecida pelo UNICEF, conferindo prêmio ao Juiz Marcel Hoppe.[48]

Sobre a aplicação da Doutrina da Situação Irregular e a operacionalidade do Código de Menores, aduz Martha de Toledo Machado:[49]

> "A implementação desta política pública, entretanto, acabou por gerar, tão somente, uma condição de sub-cidadania de expressivo grupo de jovens criados longe de núcleos familiares, nas grandes instituições, que acabaram adultos incapazes do exercício de suas potencialidades humanas plenas. Além da também indigna e absurda retirada arbitrária de expressivo número de crianças de tenra idade da companhia de seus pais para colocação em adoção, sem que houvesse

---

[47] Nesta atuação de adequação à nova ordem, refere Marcel Hoppe, ilustrando a situação que encontrou, que havia um menino de três anos internado há mais de seis meses em uma das unidades do sistema FEBEM. Investigada a situação foi constatado que o garoto, morador da periferia, havia ido com a mãe ao aeroporto ver os aviões decolarem e havia se perdido. Desde então estava recolhido à Febem. Em uma busca de quarenta e cinco minutos pela cidade a casa do menino foi localizada e ele restituído ao lar. Havia uma lógica perversa a presidir o sistema de que a institucionalização era melhor do que a família, quando pobre.

[48] Em 1993, Marcel Hoppe foi agraciado com o Prêmio Criança e Paz – Direitos da Criança, instituído pelo UNICEF, em reconhecimento por seu trabalho junto ao Juizado da Infância e Juventude de Porto Alegre.

[49] No artigo resultante da palestra *Destituição do Pátrio Poder e Colocação em Lar Substituto – Uma Abordagem Crítica*, proferida no I Encontro Nacional de Promotores de Justiça Curadores de Menores, realizado em São Paulo em agosto de 1989, publicado pelo Ministério Público de São Paulo, *apud* Martha de Toledo Machado, op. cit.

significativa violação dos deveres do pátrio-poder, apenas em função da carência econômica das famílias, como referido por Olimpio de Sá Sotto Maior Neto."

Do ponto de vista do Direito Penal, até a efetivação da reforma de 1984, que deu nova redação à Parte Geral do Código Penal, houve diversas tentativas de alteração da legislação penal brasileira.

No chamado Projeto Hungria, de 1963, era mantida a idade de imputabilidade penal aos dezoito anos, facultando, porém, a possibilidade de submissão dos jovens a partir dos dezesseis anos à legislação penal quando comprovada maturidade. Retomaria o país, nesta proposta, o sistema biopsicológico, abandonado em 1940.

Em 1969, pelo Decreto-Lei 1.004, de 21 de outubro, foi proposto um Novo Código Penal Brasileiro. Este diploma legal, publicado no Diário Oficial da União e que chegou a ser retificado em 1973, de prorrogação de *vacatio legis* a prorrogação de *vacatio legis*, foi revogado sem jamais haver vigorado.

A Lei de 1969, que nunca vigorou, adotando a proposta de Hungria, incorporava o sistema biopsicológico, eis que o menor entre dezesseis e dezoito anos responderia criminalmente pelo fato praticado se apresentasse "suficiente desenvolvimento psíquico para entender o caráter ilícito do fato e determinar-se de acordo com este entendimento. Neste caso, a pena aplicável é diminuída de um terço até a metade", consoante o disposto na exposição de motivos.[50]

Corolário do caráter tutelar da legislação menorista, percebe-se que a lógica da inimputabilidade do adolescente permanece centrada em sua suposta incapacidade de entendimento. Esta percepção virá a ser superada em parte na doutrina de Francisco de Assis Toledo, inspiradora da Reforma Penal de 1984.

---

[50] Koerner Júnior, Rolf. Op. cit., p. 128.

A Exposição de Motivos da Lei 7.209/84 afirma que a imputabilidade penal aos dezoito anos é fixada por um critério de política criminal.

Entretanto, durante o Regime Militar, por conta do Código Penal Militar – Decreto-Lei nº 1.001, de 21.10.1969 (percebe-se que os militares legaram um "pacote" legislativo nesta data), a imputabilidade penal, frente a crimes militares, foi fixada, excepcionalmente, em dezesseis anos (art. 50). Este dispositivo do texto somente veio a ser revogado por inconstitucional frente ao art. 228 pela Constituição Federal de 1988.

A reforma penal de 1984, através da Lei 7.209, de 11 de julho, deu nova redação à Parte Geral do Código Penal, introduzindo importantes alterações no direito penal brasileiro. Manteve, em seu art. 27,[51] a imputabilidade penal aos dezoito anos, observando um critério objetivo, na esteira da maioria absoluta das democracias ocidentais.

Diz a exposição de motivos da Nova Parte Geral do Código Penal:

"Manteve o Projeto a inimputabilidade penal ao menor de 18 (dezoito) anos. *Trata-se de opção apoiada em critérios de Política Criminal* (o grifo é meu). Os que preconizam a redução do limite, sob a justificativa da criminalidade crescente, que a cada dia recruta maior número de menores, não consideram a circunstância de que o menor, ser ainda incompleto, é naturalmente anti-social na medida em que não é socializado e instruído. O reajustamento do processo de formação do caráter deve ser cometido à educação, não à pena criminal. De resto, com a legislação de menores recentemente editada, dispõe o Estado dos instrumentos necessários ao afastamento do jovem delinqüente, menor de 18 (dezoito) anos, do convívio social, sem sua

---

[51] "Os menores de dezoito anos são penalmente inimputáveis, ficando sujeitos às normas estabelecidas na legislação especial".

necessária submissão ao tratamento do delinqüente adulto, expondo-o à contaminação carcerária".

3.6. O Ano Internacional da Criança. A Doutrina das Nações Unidas de Proteção Integral à Criança. A Convenção das Nações Unidas de Direito da Criança.

Enquanto no Brasil, em 1979, editava-se o Código de Menores, expressão máxima da Doutrina da Situação Irregular e do caráter tutelar do Direito de Menores, a ONU estabelecia aquele como o Ano Internacional da Criança. Passavam vinte anos desde o advento da Declaração dos Direitos da Criança, em 1959, cumprindo fazer entre os países signatários daquela Carta um balanço mundial dos avanços alcançados na efetivação daqueles direitos enunciados.

Em face disso, percebendo a necessidade de uma Normativa Internacional com força cogente, apta a dar efetividade aos direitos preconizados na Declaração dos Direitos da Criança, na ONU, a representação da Polônia propôs a elaboração de uma Convenção sobre o tema.

A Convenção das Nações Unidas de Direito da Criança de 1989 tem, pois, uma história de elaboração de dez anos, com origem em 1979.

A Comissão de Direitos Humanos da ONU organizou um grupo de trabalho aberto para estudar a questão. Neste grupo poderiam participar delegados de qualquer país membro da ONU, além dos representantes obrigatórios dos 43 Estados integrantes da Comissão, organismos internacionais como o UNICEF, e o grupo *ad hoc* das organizações não governamentais.

Em 1989, no trigésimo aniversário da Declaração dos Direitos da Criança, a Assembleia-Geral da Organização das Nações Unidas, reunida em Nova Iorque, aprovou a

Convenção sobre os Direitos da Criança. Desde então, os Direitos da Criança passam a se assentar sobre um documento global, com força coercitiva para os Estados signatários, entre os quais o Brasil.[52]

A Convenção das Nações Unidas de Direito da Criança, consagrando a Doutrina da Proteção Integral, se constitui no principal documento internacional de Direitos da Criança.

No dizer de Antônio Carlos Gomes da Costa, a Convenção Internacional de Direitos da Criança é um documento poderoso para modificação das maneiras de entender e agir das pessoas, grupos e comunidades, produzindo mudanças no panorama legal, suscitando o reordenamento das instituições e promovendo a melhoria das formas de atenção direta.[53]

Apesar de não ser cronologicamente o primeiro texto, a Convenção da ONU sobre Direitos da Criança contribuiu decisivamente para consolidar um corpo de legislação internacional de Direitos Humanos Especiais, denominado "Doutrina das Nações Unidas de Proteção Integral à Criança".

Conforme Emílio Garcia Mendez, sob esta denominação estar-se-á referindo a Convenção das Nações Unidas dos Direitos da Criança, as Regras Mínimas das Nações Unidas para Administração da Justiça de Menores, as Regras Mínimas das Nações Unidas para a proteção dos jovens privados de liberdade e as Diretrizes das Nações Unidas para a prevenção da delinquência juvenil. Este corpo de legislação internacional, com força de lei interna para os países signatários, entre os quais o Brasil, modifica total e definitivamente a velha doutrina da situação irregular. A Doutrina da Proteção Integral foi adotada pela Constituição Federal, que a consagra em seu art. 227, tendo sido acolhida pelo

---

[52] Saraiva, João Batista Costa. *Adolescente e Ato Infracional*, op. cit., p. 15.

[53] *Apud* Veronese, Josiane. *Cadernos de Direito da Criança e do Adolescente*, nº 2, Florianópolis: ABMP, 1997.

plenário do Congresso Constituinte pela extraordinária votação de 435 votos contra 8. O texto constitucional brasileiro, em vigor desde o histórico outubro de 1988, antecipou-se à Convenção, vez que o texto da ONU veio a ser aprovado pela Assembleia-Geral das Nações Unidas em 20 de novembro de 1989[54].

Na aplicação da Doutrina da Proteção Integral no Brasil, em cotejo com os primados da Doutrina da Situação Irregular que presidiam o velho Código de Menores, o que se constata é que o país, o Estado e a sociedade é que se encontram em situação irregular.

Assim, tomando como marco inicial a Declaração de Genebra, de 1924, que sinalizava para a necessidade de uma atenção especial e diferenciada à proteção da criança, mas que operava em uma lógica eminentemente tutelar, possível afirmar que a Doutrina das Nações Unidas de Proteção Integral à Criança, com força cogente nos países signatários, pode ser afirmada a partir dos seguintes documentos internacionais:

- *Declaração dos Direitos da Criança*, Assembleia Geral da Organização das Nações Unidas – 20 de novembro de 1959;
- *Regras de Beijing*, Resolução da Assembleia Geral das Nações Unidas para a Administração da Justiça de Menores – 1996;
- *Convenção sobre os Direitos das Crianças*, Assembleia Geral das Nações Unidas, novembro de 1989;
- *Regras de Tóquio*, Resolução 45/110 – Regras Mínimas das Nações Unidas para elaboração de Medidas não Privativas de Liberdade – Assembleia Geral das Nações Unidas – 1991;
- *Diretrizes de Riad*, Resolução 45/112 – Diretrizes das Nações Unidas para a Prevenção da Delinquência Juvenil – 1991;

---

[54] Saraiva, João Batista Costa. Op. cit., p. 15.

- *Regras de Havana*, Resolução 45/113 – Regras das Nações Unidas para a Proteção de Jovens Privados de Liberdade – 1991;
- *Resolução 45/114* da Assembleia Geral das Nações Unidas – Violência na Família – 1991;
- *Resolução 45/115* da Assembleia Geral das Nações Unidas – Utilização das Crianças em Atividades Criminais;

Este conjunto normativo revogou a antiga concepção tutelar, trazendo a criança e o adolescente para uma condição de sujeito de direito, de protagonista de sua própria história, titular de direitos e obrigações próprios de sua peculiar condição de pessoa em desenvolvimento, dando um novo contorno ao funcionamento da Justiça de Infância e Juventude, abandonando o conceito de menor, como subcategoria de cidadania.

Todo sistema de garantias construído pelo Direito Penal como fator determinante de um Estado Democrático de Direito é estendido à criança e ao adolescente, em especial quando se lhe é atribuída a prática de uma conduta infracional.

Princípios fundamentais, que, em nome de uma suposta ação protetiva do Estado, eram esquecidos pela Doutrina da Situação Irregular, passam a ser integrantes da rotina do processo envolvendo crianças e adolescentes em conflito com a lei, tais como princípio da reserva legal, do devido processo legal, do pleno e formal conhecimento da acusação, da igualdade na relação processual, da ampla defesa e contraditório, da defesa técnica por advogado, da privação de liberdade como excepcional e somente por ordem expressa da autoridade judiciária ou em flagrante, da proteção contra a tortura e tratamento desumano ou degradante etc.

Desfaz-se a figura do Juiz de Menores investido em funções que não estritamente jurisdicionais, impondo-se ao Judiciário seu papel de julgador, reservando-se aos demais personagens da vida pública sua devida atuação. Desaparece o Juiz com poderes ilimitados no exercício de uma atividade de controle social para dar lugar ao Juiz Técnico, limitado pelas garantias processuais.

Retomando a análise de Mary Beloff,[55] é possível listar as principais características da Doutrina da Proteção Integral:

a) Definem-se os direitos das crianças, estabelecendo-se que, no caso de algum destes direitos vir a ser ameaçado ou violado, é dever da família, da sociedade, de sua comunidade e do Estado restabelecer o exercício do direito atingido, através de mecanismos e procedimentos efetivos e eficazes, tanto administrativos quanto judiciais, se for o caso;

b) Desaparecem as ambiguidades, as vagas e imprecisas categorias de "risco", "perigo moral ou material", "circunstâncias especialmente difíceis", "situação irregular" etc.;

c) Estabelece-se que, quem se encontra em "situação irregular", quando o direito da criança se encontra ameaçado ou violado, é alguém ou alguma instituição do mundo adulto (família, sociedade, Estado);

d) Estabelece-se a distinção entre as competências pelas políticas sociais e competências pelas questões relativas à infração à lei penal. Neste caso, estabelecem-se princípios fundamentais como ampla defesa, reconhecendo que os direitos das crianças e dos adolescentes dependem de um adequado desenvolvimento das políticas sociais;

e) A política pública de atendimento deve ser concebida e implementada pela sociedade e pelo Estado, fundada na descentralização e focalizada nos municípios;

f) É abandonado o conceito de menores como sujeitos definidos de maneira negativa, pelo que não têm, não sa-

---
[55] Beloff, Mary. Op. cit., p. 18 e 19.

bem ou não são capazes, e passam a ser definidos de maneira positiva, como sujeitos plenos de direito;

g) São desjudicializados os conflitos relativos à falta ou carência de recursos materiais, substituindo o anterior sistema que centrava a ação do Estado pela intervenção judicial nestes casos;

h) A ideia de Proteção dos Direitos das Crianças e dos Adolescentes: Não se trata, como no modelo anterior, de proteger a pessoa da criança ou do adolescente, do "menor", mas sim de garantir os direitos de todas as crianças e adolescentes;

i) Este conceito de proteção resulta no reconhecimento e promoção de direitos, sem violá-los nem restringi-los;

j) Também por este motivo a proteção não pode significar intervenção estatal coercitiva;

k) Da ideia de universalidade de direitos, depreende-se que estas leis, derivadas da nova ordem, são para toda a infância e adolescência, não para uma parte. Por isso se diz que com estas leis se recupera a universalidade da categoria infância, perdida com as primeiras leis para "menores";

l) Já não se trata de incapazes, meias-pessoas ou pessoas incompletas, mas sim pessoas completas, cuja particularidade é que estão em desenvolvimento. Por isso se reconhecem todos os direitos que têm todas as pessoas, mais um *plus* de direitos específicos precisamente por reconhecer-se que são pessoas em peculiar condição de desenvolvimento;

m) Decorre disso, por um imperativo lógico, o direito de a criança ser ouvida e sua palavra e opinião devidamente consideradas;

n) Recoloca-se o Juiz na sua função jurisdicional, devendo a Justiça de Infância e Juventude ocupar-se de questões jurisdicionais, seja na órbita infracional (penal), seja na órbita civil (família);

o) O Juiz da Infância, como qualquer Juiz no exercício de sua jurisdição, está limitado em sua intervenção pelo sistema de garantias;

p) Na questão do adolescente em conflito com a lei, enquanto autor de uma conduta tipificada como crime ou contravenção, reconhecem-se todas as garantias que correspondem aos adultos nos juízos criminais, segundo as constituições e os instrumentos internacionais pertinentes, mais garantias específicas. Destas, a principal é de que os adolescentes devem ser julgados por tribunais específicos, com procedimentos próprios, e que a responsabilidade do adolescente pelo ato cometido resulte na aplicação de sanções distintas daquelas do sistema de adultos, estabelecendo, deste ponto de vista, uma responsabilidade penal juvenil, distinta daquela do adulto;

q) Resulta disso o estabelecimento de um rol de medidas aplicáveis ao adolescente em conflito com a lei, em que o alternativo, excepcional, última solução e por breve tempo será a privação de liberdade. Estas medidas se estendem desde a advertência e admoestação até os regimes de semiliberdade e/ou privação de liberdade em instituição especializada, distinta daquela de adultos e por tempo determinado;

r) A privação de liberdade será sempre o último recurso, presidida por princípios como brevidade e excepcionalidade, com período determinado de duração e somente aplicável em caso de um delito grave.

A partir destes primados estabelecidos pela nova ordem internacional estabelece-se uma mudança paradigmática no Direito da Criança.

Como afirma Mário Volpi,[56] a Doutrina da Proteção Integral, além de contrapor-se ao tratamento que historicamente reforçou a exclusão social, apresenta-nos um conjunto conceitual, metodológico e jurídico que nos permite

---
[56] Volpi, Mário. A proteção integral como contraposição à exclusão social de crianças e adolescentes. Prefácio ao livro *Adolescente e Ato Infracional.* Op. cit.

compreender e abordar as questões relativas às crianças e aos adolescentes sob a ótica dos direitos humanos, dando--lhes a dignidade e o respeito do qual são merecedores.

Não mais se admitem conceitos como "menor", considerando a carga discriminatória encerrada nesta expressão, na medida em que o ordenamento propõe uma normativa apta a contemplar toda a população infanto-juvenil, agora em uma nova condição, não mais objeto do processo, mas sim sujeito do processo, protagonista de sua própria história.

A Doutrina da Proteção Integral vem sintetizada nos artigos 226 e 227 da Constituição Federal, que o Estatuto regulamenta. As crianças passam a ser conceituadas de maneira afirmativa, como sujeitos plenos de direitos. Já não se tra de "menores", incapazes, meia-pessoa ou incompleta, mas sim pessoas cuja única particularidade é estarem crescendo. Por isso se lhes reconhecem todos os direitos que têm os adultos, mais direitos específicos precisamente por se reconhecer essa circunstância evolutiva.[57]

A criança e o adolescente, por suposto, não são adultos, mas por certo, ao adquirirem *status* de sujeito de direitos não são os incapazes a que se referia Tobias Barreto, que em sua época construiu sua tese para exigir um tratamento diferenciado aos menores em face das iniquidades que o Código Penal do Império estabelecia, fixando a idade penal em 14 anos, mas permitindo a punição como adultos de crianças desde os sete, a partir de um improvável juízo de discernimento.

Mary Beloff, examinando a questão do Direito da Criança no contexto latino-americano, estabelece um paralelo de comparação entre uma lei orientada pela doutrina da situação irregular e uma lei orientada pela doutrina da proteção integral, que reproduzimos no anexo a este trabalho.[58]

---

[57] Beloff, Mary. *Los derechos del niño en el sistema interamericano*. Buenos Aires: Del Puerto, 2004, p. 35.

[58] Beloff, Mary. Op. cit., p. 21.

Pela nova ordem resultante da Convenção das Nações Unidades de Direitos da Criança e de toda a normativa internacional incidente, fundadora da Doutrina da Proteção Integral de Direitos, presente na Constituição Federal e no Estatuto da Criança e do Adolescente, resta sepultada a Doutrina da Situação Irregular.

Cumpre registrar, na construção do Estatuto da Criança e do Adolescente, que pode ser definido como a versão brasileira da Convenção dos Direitos da Criança, o trabalho de Antônio Fernando Amaral e Silva, Desembargador do Tribunal de Justiça do Estado de Santa Catarina, cujos ensinamentos são fundamentais para a compreensão do tema.[59] Amaral e Silva se constituiu em figura de proa na construção do Estatuto da Criança e do Adolescente, em um tempo em que a parcela significativa da magistratura brasileira trabalhava diuturnamente de forma contrária à edição da nova lei, a qual *acusavam*, entre outras supostas mazelas, de pretender instaurar no país um Direito Penal Juvenil, antevendo que o Estatuto se faria um marco e buscaria eliminar de vez a absoluta discricionariedade que presidia os *julgamentos de menores submetidos aqueles juízos*.

Expressa com clareza este posicionamento texto de Alyrio Cavallieri, intransigente defensor da Doutrina da Situação Irregular e opositor ferrenho do modelo de responsabilização juvenil adotado pelo Estatuto, conforme destacado por Afonso Konzen:[60] *"a pretexto de proporcionar ao adolescente os mesmos direitos e garantias do adulto, impôs--lhe o sistema penal,* notadamente pela adoção do critério da proporcionalidade, *um dos pecados mortais do Estatuto,* e pela adoção da ritualística processual penal, submetendo

---

[59] Amaral e Silva, Antônio Fernando. O mito da inimputabilidade penal e o Estatuto da Criança e do adolescente. In: *Revista da Escola Superior da Magistratura do Estado de Santa Catarina.* Florianópolis: AMC, 1998, p. 263.

[60] Konzen, Afonso. *Pertinência Socioeducativa.* Porto Alegre: Livraria do Advogado, 2005, p. 57/58. No trabalho de Konzen, faz-se interessantíssima a leitura das p. 54/61 para o fim de verificar o significado material da medida segundo o menorismo e o neo-menorismo, entendendo-se menorismo como o sistema presidido pela doutrina da situação irregular.

os principais operadores do sistema, Advogado-Promotor--Juiz, a uma *relação rígida,* ao contrário *do sistema destruído pelo Estatuto, onde o Curador de Menores e o Juiz eram autoridades protetoras, tutelares, numa justiça tuitiva".*

3.6.1. Ferraioli, Doutrina da Proteção Integral e Direito Penal Juvenil.

Dissertando sobre o tema, Luigi Ferraioli destaca que o paradigma paternalista do direito menoril, fundado na Doutrina da Situação Irregular, resultava de sua natureza informal e discricionária, sempre consignado a um suposto poder "bom" que invariavelmente atuaria no "interesse superior do menor". Este pressuposto resultou dramaticamente desmentido pela realidade, transformando-se o sistema da doutrina da situação irregular na ausência absoluta de regras, possibilitando e legitimando os piores abusos e arbitrariedades.

Contrapõe-se a isso a Doutrina da Proteção Integral de Direitos da Criança, trazendo em seu bojo, na questão do adolescente em conflito com a Lei, todo o garantismo próprio do Direito Penal e do Constitucionalismo, estabelecendo um modelo de regras e garantias que se tem denominado Direito Penal Juvenil.[61]

A Doutrina da Proteção Integral incorpora à questão do adolescente em conflito com a lei a proposta de Ferraioli, definida por Bobbio como um sistema de garantismo, com a construção das colunas mestras do Estado de direito, que tem por fundamento e fim a tutela das liberdades do indivíduo (e, portanto, das crianças e dos adolescentes enquanto sujeitos de direito) frente às variadas formas de exercício arbitrário de poder, particularmente odioso no direito penal.[62]

---
[61] Ferraioli, Luigi. *Prefácio a Infância,* Ley y Democracia em América Latina. Mendez, Emílio Garcia e Beloff, Mary. Buenos Aires: Temis, 1999.
[62] Bobbio, Norberto. *Prefácio a Direito e Razão* de Luigi Ferraioli. São Paulo: RT, 2002.

Em obra monumental, Emílio Garcia Mendez e Mary Beloff realizam a compilação e o comentário das legislações latino-americanas editadas pós-Convenção dos Direitos da Criança. O prefácio de *Infância, Lei e Democracia na América Latina*, já mencionado neste trabalho, é de Luigi Ferraioli, do qual se extrai o que segue:

"Em primeiro lugar, rejeita-se totalmente a velha idéia segundo qual a infância pertence – e é justo que pertença – a um mundo puramente 'natural' de relações privadas não reguladas pelo Direito, unicamente submetido à dinâmica espontânea de relações afetivas e tutelares, sejam estas familiares ou extrafamiliares. Pelo contrário, o enfoque deste livro reivindica com força para o Direito da infância a lógica dos direitos e suas garantias. Como se sabe, os direitos e as garantias constituem sempre as leis dos mais fracos contra a lei do mais forte que se desenvolve e impera cada vez que os direitos e garantias estão ausentes ou não efetivos. E são precisamente as crianças, mais que ninguém, os sujeitos 'fracos' por antonomásia, destinadas a sucumbir neste estado de natureza no qual são abandonadas à lógica da força do mercado.

Em segundo lugar, e conseqüentemente, esta mudança de perspectiva tomando com seriedade a Convenção Internacional dos Direitos da Criança, inverte a velha relação de Direito com os 'menores' considerando-os, tal como estabelece Mary Beloff em seu ensaio, não mais como simples objeto do Direito, ou seja, de tutela e repressão, mas como sujeitos plenos de direito. Esta transformação – da tutela paternalista e autoritária à garantia dos direitos, do velho regime 'compaixão–repressão', como foi chamado por Emílio Garcia Mendez, à cidadania da infância – se traduz em uma nova dimensão constitucional do Direito da infância que reformula todos os principais setores com o vinculado: do trabalho infantil, das adoções e da delinqüência juvenil, para dar somente alguns dos múltiplos exemplos.

Desta nova perspectiva na concepção do Direito da infância queria assinalar aqui dois aspectos que se vinculam estreitamente com a relação infância, Direito e democracia. O primeiro aspecto se refere à forma como as leis e projetos de lei contidos neste livro foram elaborados. Em nossa tradição jurídica, ao paternalismo próprio do Direito de menores sempre correspondeu um paternalismo equivalente nos métodos de produção, entregue a 'técnicos' e a 'especialistas' imbuídos geralmente de preconceitos e lugares comuns ocultos atrás das fórmulas retóricas tais como a 'situação irregular' ou 'o interesse superior do menor'. Pelo contrário, as leis aqui contidas são o resultado de um amplo debate que, nos diversos países da América Latina, envolveu, também graças ao compromisso de todos os autores deste livro, não somente juristas e especialistas, mas também amplos setores da opinião pública. Neste sentido são exemplares o Estatuto da Criança e do Adolescente do Brasil, de 1990, fruto de um movimento de luta pelos direitos da criança, iniciado a partir de 1986, e o Código da Criança e da Juventude da Guatemala, de 1996. Tal como afirma Emílio Garcia Mendez, ambos textos se distinguem não somente por sua qualidade técnico-jurídica, mas também pela mobilização social que durante quatro anos acompanhou seu processo de gestação.

O segundo aspecto, ainda mais importante, refere-se ao conteúdo e à substância da legislação contida neste livro. Contra o substancialismo paternalista e correcionalista próprio das velhas legislações de menores, o traço distintivo da maior parte destas novas leis consistiu na valorização da forma jurídica: imposta a qualquer intervenção sobre as vidas de crianças e de adolescentes destinada à proteção de seus direitos e mais ainda de sua dignidade de cidadãos. O tradicional paradigma paternalista do Direito de menores é, de fato, por sua natureza informal e discricionário, sempre consig-

nado a um suposto poder 'bom' que invariavelmente atuaria pelo 'interesse superior do menor'. É justamente este pressuposto o que foi dramaticamente desmentido pela realidade, tendo-se transformado de fato na ausência de regras, que possibilitou e legitimou os piores abusos e arbitrariedades.
O terreno privilegiado deste enfoque sobre as garantias do Direito da infância é naturalmente o da resposta às infrações penais cometidas por adolescentes.
O paradigma escolhido, como assinala Mary Beloff, foi o do Direito Penal mínimo, que é incomparavelmente menos grave e mais respeitoso em relação ao adolescente do que o velho sistema 'pedagógico' das chamadas 'sanções suaves' impostas informal, e de fato, arbitrariamente. Isto por três razões. Primeiro pelo recurso ao Direito Penal como extrema *ratio* e, conseqüentemente, pela despenalização total dos delitos cometidos pelas crianças (menores de 12 ou de 14 anos, de acordo com as diversas legislações), assim como pela despenalização da delinqüência pequena e sem importância dos adolescentes, entendida muito mais como problema social antes do que criminal para ser enfrentado primordialmente com políticas de assistência ou com meios extrapenais de conciliação dos conflitos, em lugar de estéreis medidas repressivas. Segundo, pelo rigoroso respeito de todas as garantias penais e processuais – da taxatividade dos delitos à comprovação da ofensa e da culpabilidade, da carga da prova ao contraditório e ao direito de defesa – imposto ao sistema de responsabilidade penal juvenil, mesmo reconhecendo-os (os adolescentes) como inimputáveis.
Em terceiro lugar, pela diminuição das penas juvenis, através da existência, na maior parte dos casos, de medidas socioeducativas alternativas à privação de liberdade e somente em casos extremos de utilização deste tipo de medida, por outra parte rigidamente limitada em sua duração e intensidade.

Em outras palavras, um Direito Penal juvenil dotado das mesmas garantias que o Direito Penal adulto, mas menos severo, tanto na tipificação dos delitos quanto na quantidade de qualidade das sanções. Tudo isto sobre a base do princípio claramente expresso por Mary Beloff, no sentido de que a intervenção punitiva na vida dos jovens deve ser limitada o máximo possível, mas existir, quando necessário, com a observância de todas as garantias legais. Trata-se de uma opção respeitosa, que contradiz o conformismo dominante também na Europa, onde continuam prevalecendo modelos substancialistas, 'pedagógicos' e subjetivistas de tratamento do desvio juvenil, que, de fato e em última instância, se convertem em formas de Direito Penal máximo, pois são extremamente repressivos. Além do mais, uma verdadeira educação na legalidade, ou seja, com respeito às regras, se obtém sobretudo respeitando o adolescente, inclusive o infrator, como cidadão responsável, exigindo o respeito, e portanto, o valor das regras na própria resposta punitiva a suas infrações".[63]

3.7. Condição peculiar de pessoa em desenvolvimento. Uma consideração sobre a adolescência. A questão da capacidade e da incapacidade.

Identificar o adolescente como sujeito de suas ações, como sujeito de direitos, e, em consequência, titular de direitos e obrigações, corolário da aplicação da Doutrina da Proteção Integral dos Direitos da Criança, por conta de uma cultura "menorista" secular, nem sempre se dá de forma a ser perfeitamente compreendida por todos. Há mitos e preconceitos impedindo esta compreensão. Além disso, há um equivocado entendimento da ordem legal, resultando no

---

[63] Prefácio apresentado à obra *Infância, Lei e Democracia na América Latina*, de Emílio Garcia Mendez e Mary Beloff, tradução para o português de Eliete Ávila Wolff, publicada pela EDIFURB-Blumenau, em 2001.

que Emílio Garcia Mendez define como a crise de interpretação do Estatuto da Criança e do Adolescente.[64]

A partir de Freud, Lacan e Winnicott, em uma incursão psicanalítica sobre o tema, Sonia Carneiro Leão[65] oferece outras reflexões sobre a adolescência, destacando o imaginário adulto frente à adolescência, uma época onde tudo é permitido e nada seria cobrado, segundo este ideal adulto da adolescência.

A propósito disso, cumpre realçar, com especial relevo, que o ignorar a responsabilidade penal juvenil ao adolescente produz a sensação equivocada de impunidade, aspecto que ainda mais contribui para o *"mito da impunidade do menor"*. Produz-se um sentimento contraditório sobre a adolescência; uma fase quase idolatrada pelo mundo adulto, que ao mesmo tempo a inveja e a condena; consagrado na expressão tão comum do cotidiano adulto em face ao jovem: *"ah se um tivesse a tua idade com a experiência que tenho hoje..."*.

Diz Sonia Leão:[66]

"Sensação de plenitude o adolescente sente, realmente. O adulto o inveja, invariavelmente. Por causa dessa plenitude o adolescente vê o mundo com as cores mais intensas. O mundo adulto já ficou um tanto desbotado. O jovem acha que pode tudo. Há bem pouco tempo eram crianças submetidas aos padrões éticos de suas famílias, reproduzindo fielmente os desejos do meio em que viviam. Agora têm estilo próprio. Vestem-se de modo peculiar. Cantam músicas que lhe são destinadas especialmente, e já têm pontos de vista próprios.

As crianças de 6 a 9 anos são muito reacionárias. Tudo o que elas pedem é que lhes seja dada bem pouca liber-

---

[64] Mendez, Emílio Garcia. *Adolescentes e Responsabilidade Penal*: um debate latinoamericano. Porto Alegre: AJURIS/ESMP-RS/FESDEP-RS, 2000.
[65] Leão, Sonia Carneiro. *Infância, latência e adolescência*: Temas de Psicanálise. Rio de Janeiro: Imago, 1990.
[66] Op. cit., p. 80/81.

dade. Educadores severos para conterem seus impulsos descontrolados é o que elas reclamam. É esta a fase áurea da formação do superego, instância prepotente e dominadora que, se não for muito vigiada, vigiará o sujeito para o resto de sua vida, incapacitando-o freqüentemente a buscar novos prazeres. Na adolescência há como que a busca de uma trégua do superego. Isso não significa que o jovem não internalizou esta instância psíquica. Ela está lá, só que, agora, numa espécie de latência. Digamos que o adolescente percebe o seu cão de fila superegóico, farejando bem de perto seus impulsos sexuais. Mas ele agora sabe driblar o vilão. Então já pode ir ao encontro do grande amor, já pode ir buscar o seu desejo. Esta é a idade em que a libido está solta, dentro e fora do sujeito, nele e no outro, ao mesmo tempo".

A respeito do conturbado período ou fase da vida humana demarcado como pós-infância e prematuridade, o poeta inglês William Shakespeare, em 1610, já apresentava na obra *Um Conto do Inverno*[67] *(Ato III, Cena III)* o quanto a adolescência se mostrava como fascinantemente incômoda. Diz um de seus personagens:

"Desejaria que não houvesse idade entre dezesseis e vinte e três anos, ou que a mocidade dormisse todo esse tempo, que só é ocupado em deixar com filhos as raparigas, aborrecer os velhos, roubar e provocar brigas. Escutai! A quem ocorreria caçar com semelhante tempo, se não a esses cérebros ferventes, de dezenove a vinte e dois anos?"

Não podemos então afirmar com o mesmo ímpeto de quem entrou em cena recentemente de que o "problema do adolescente problema" seja tomado como uma questão nova.

---

[67] Shakespeare, William. *Conto do Inverno.* v. VII. São Paulo: Melhoramentos, 1976, p. 189.

A noção de adolescência tomada pela face negativa, cabe salientar, omite o seu avesso, no qual se encontram reis, rainhas, escritores, cientistas, militares e outros personagens ilustres não menos adolescentes do que os colegas de faixa etária. Assim, o que definiria precariamente a noção de adolescência seria menos o ser (inclusive a cambiante demarcação cronológica) do que o fazer. E eles, sabemos, fazem, inclusive quando se recusam a fazer algo. Mas, quem é esse sujeito *adolescente*?

Segundo o psicanalista Contardo Calligaris:[68]

"... é alguém 1. que teve o tempo de assimilar os valores mais banais compartilhados na comunidade (por exemplo, no nosso caso: destaque pelo sucesso financeiro/social e amoroso/sexual; 2. cujo corpo chegou à maturação necessária para que ele possa efetiva e eficazmente se consagrar às tarefas que lhes são apontadas por esses valores, competindo de igual para igual com todo mundo; 3. para quem, nesse exato momento, a comunidade impõe uma moratória; 4. cujos sentimentos e comportamentos são obviamente reativos, de rebeldia a uma moratória injusta; 5. que tem o inexplicável dever de ser feliz, pois vive uma época da vida idealizada por todos; 6. que não sabe quando e como vai poder sair de sua adolescência."

Eis o nosso adolescente contemporâneo, sob o olhar do adulto, aspecto no qual Contardo Calligaris afirma que:

"O fato é que a adolescência é uma interpretação de sonhos adultos, produzida por uma moratória que força o adolescente a tentar descobrir o que os adultos querem dele. O adolescente pode encontrar e construir respostas muito diferentes a essa investigação."

As condutas adolescentes, em suma, são tão variadas quanto os sonhos e os desejos reprimidos dos adultos. Por isso elas parecem (e talvez sejam) todas transgressoras.

---

[68] Calligaris, Contardo. *A Adolescência*. São Paulo: Publifolha, 2000, p. 15 a 21.

No mínimo, transgridem a vontade explícita dos adultos.[69] Enfim, a ideia de que a adolescência é um problema não é nova. Melhor dito: a adolescência seria um lugar temporal da vida humana que abarcaria visivelmente todas as fraquezas/desejos humanos. Aí depositamos crimes, fugas, suicídios, contestações, uso de drogas, rebeldias extremadas ou apatias crônicas, anorexias e toda sorte de sordidez que julgamos – nós, os adultos – nefastas para o bem-estar pessoal e social. A adolescência parece ser um "lixão" da humanidade. Ela é sempre o problema, parece-nos, dos adultos que não sabem lidar com o que foram ontem. E alguém está ouvindo o que esses jovens estão querendo nos dizer? O diálogo está difícil, não é? Sejamos honestos. Não há diálogo. Eles falam, nós falamos. Eles falam de um jeito, e nós escutamos de outro e vice-versa. Ou seja, não nos escutamos o mínimo suficiente para haver um entendimento. A linguagem é outra e torna-se difícil e oneroso o processo de parar um pouco para aprender a decodificar o que significa aquele dragão tatuado no braço, *piercings* na língua, umbigo e genitais, acidentes de carro e o generalizado e abusivo uso de drogas lícitas e ilícitas, entre outros sinais que saltam aos olhos de quem quer ver que algo está se passando no dramático mundo dos adolescentes. E que mundo é esse? O que nós estamos apresentando aos nossos filhos. Isso mesmo.

Os adolescentes são nossos filhos. Isso parece tão óbvio, mas, em alguns momentos falamos tanto da adolescência como se os nossos filhos não existissem. Como se a "fase" fosse maior do que eles e de que na verdade aguardamos ansiosamente que ela passe para ele/ela melhorar. Não é isso? Os adultos sábios sabem que o tempo não é o melhor remédio, mas mesmo assim, se iludem com essa perspectiva. Na adolescência, como tudo é colocado à prova, muitas vezes não há próxima fase. Não há remédio. Mas, enfim, o que está acontecendo na aldeia global? O que

---

[69] Calligaris, Contardo. *A Adolescência*. São Paulo: Publifolha, 2000, p. 33.

está faltando? Diriam alguns pais perplexos e/ou perdidos diante de alguém que eles supõem ter tudo. Falta compreensão, pai, mãe, dinheiro, limite, Deus, amigos e o que mais mesmo? A lista deve ser imensa e não há problema nisso. Muitos jovens lutam diariamente pelo seu Deus, pelo amor de seus pais e de seus amigos, por um mundo melhor para viver hoje e amanhã. Todos lutam como podem e devem fazer isso em nome daquilo que desejam para serem felizes em suas profissões, com suas famílias, em suas cidades, em suma, nas suas vidas. Esse aspecto cabe salientar, por ser múltiplo, nos faz ver um adolescente andando com os seus passos perdidos em busca de um caminho seguro enquanto define os seus desejos.

Alfredo Jerusalinsky afirma que a adolescência é um estado de espírito, concluindo em um magnífico texto que:

"O problema com que se confrontam hoje os adolescentes é de extensão do tempo, por causa da urgência (...); de fragilidade do simbólico, devido à substituição do semelhante pelo objeto; e da falcatrua do poder, como conseqüência da supressão do saber em nome de uma técnica".[70]

O fato, portanto, do adolescente estar perdido não é um problema em si desde que saiba encontrar/vislumbrar parceiros que atravessaram essa jornada e que não o abandonem nessa hora. Salutar nesta hora, portanto, a presença de um adulto plenamente solidário com a sua condição em todos os seus aspectos. Até porque o que podemos esperar de uma sociedade que acredita só nas delícias da adolescência? Esse é o sonho do adulto, e não a realidade do adolescente, o qual se encontra abandonado em grupos de iguais onde tudo pode acontecer.

Os cérebros continuam fervendo e que nessa hora *nessum dorma*.

---

[70] Jerusalinsky, Alfredo. Adolescência e Contemporaneidade. In *Conversando sobre Adolescência e Contemporaneidade*. Conselho Regional de Psicologia. Porto Alegre: Libretos, 2004, p. 65.

3.8. A desconstrução do paradigma da incapacidade. O Princípio do Superior Interesse da Criança, o "Cavalo de Troia" da Doutrina Tutelar.

O atendimento diferenciado, respeitada a condição especial que os adolescentes (e também as crianças) ostentam, é conceito universal, estampado na Convenção das Nações Unidas sobre os Direitos da Criança e em toda a normativa internacional que trata da matéria.

O conjunto desta normativa, que resulta na chamada Doutrina das Nações Unidas de Proteção Integral à Criança, contemplando, além da Convenção, as Regras Mínimas das Nações Unidas para Administração da Justiça de Menores, as Regras Mínimas das Nações Unidas para a Proteção dos Jovens Privados de Liberdade e as Diretrizes das Nações Unidas para a Prevenção da Delinquência Juvenil. Este corpo de legislação internacional tem força de lei interna para os países signatários, entre os quais o Brasil.

Maria Auxiliadora Minahim,[71] em obra contemporânea à edição do Estatuto da Criança e do Adolescente, discorre sobre a visão do direito penal e a imputabilidade em face da idade, fazendo uma análise histórica do tema, afirmando, no capítulo final de seu trabalho:

"Se as emoções variam de uma identificação positiva para uma identificação negativa com os adultos, em relação à criança e ao adolescente o fenômeno é ainda mais acentuado. Isso ocorre ainda mais pela indiscutível sedução que a infância exerce, ao menos nos primeiros anos, como promessas de uma vida que se instala só de pureza e bondade. No entanto, e como tudo na natureza, a uma qualidade opõe-se outra, o que deveria conduzir à procura do todo que, em sua essência, é diferente da soma das partes. A humanidade, todavia, insiste em fragmentar percepções do

---

[71] Minahim, Maria Auxiliadora. *Direito Penal da Emoção*: A inimputabilidade do menor. São Paulo: RT, 1992.

maturo, entendendo-o em razão de facetas isoladas. Assim, da pureza a perversidade, de alma abandonada à infância viciada, de carente a pivete, a criança flutua na consciência grupal com reflexos no Direito." A compreensão da adolescência e sua relação com a Lei, haja vista este caráter diferenciado, deve vir norteada pela exata percepção do que consiste esta peculiar condição de pessoa em desenvolvimento e a correspondente responsabilidade penal juvenil que disso decorre, sem concessões; seja ao paternalismo ingênuo, que somente enxerga o adolescente infrator como vítima de um sistema excludente, em uma leitura apenas tutelar; seja ao retribucionismo hipócrita, que vê no adolescente infrator o algoz da sociedade, somente conceituando-o como vitimizador, em uma leitura pelo prisma do Direito Penal Máximo.

Na caminhada trilhada entre a indiferença e a proteção integral de direitos, a criança transitou desde a desconsideração de sua condição diferenciada, ao rótulo de incapaz, até a compreensão (nem sempre percebida) de sua condição de pessoa em peculiar estágio de desenvolvimento, sujeito de direitos.

Tobias Barreto produziu, em 1886, o clássico "Menores e Loucos em Direito Criminal",[72] lançando crítica ao tratamento penal idêntico ao do adulto reservado "aos menores" pelo Código Penal do Império. Àquele tempo, a imputabilidade adulta era alcançada aos quatorze anos, mas era facultada ao Juiz a possibilidade de tratar como adultas crianças desde os sete anos, a partir de um critério biopsicológico – abandonado desde 1922 em nosso país (como visto em capítulo anterior deste trabalho), e que muitos pretendem vê-lo ressuscitado como moderno, na linha do neolombrosianismo cientificista tão em voga.

A ênfase de Tobias Barreto era no sentido de afirmar a incapacidade dos menores, estabelecendo uma relação com

---
[72] Barreto, Tobias. Menores e Loucos em Direito Criminal; prefácio de Luiz Carlos Fontes de Alencar, ed. fac-sim. Brasília: Senado Federal, Conselho Editorial, 2003.

os "loucos de todo gênero", que, por incapazes, recebiam tratamento diverso.

O paradigma da incapacidade resultou incorporado ao chamado Direito Tutelar de Menores, concebido a partir do final do século XIX e que fundamentou a construção da Doutrina da Situação Irregular. Como incapazes, os menores, enquanto categoria jurídica, ocupam o lugar de mero "objeto" do processo.

Operando com o sempre invocado *princípio do superior interesse do menor*, diante da incapacidade destes, competia ao adulto, "imbuído do espírito do bem", determinar qual seria o melhor para a criança, sem expressas referências limitadoras deste poder discricionário, sob o sempre invocado argumento de amor à infância.

O chamado Princípio do Superior Interesse da Criança, expresso no revogado Código de Menores de 1979, em seu artigo quinto, e mantido na Convenção das Nações Unidas de Direitos da Criança, que o menciona em diversos dispositivos, tem produzido, em nome do amor, graves situações de injustiça. Dado o contexto original em que surgiu este princípio e a indeterminação quanto a seu conteúdo, muitos estimam que sua utilidade prática é nula ou mínima no contexto atual de reconhecimento de direitos específicos para as crianças e os adolescentes e, em consequência, chegam a manifestar que havia sido preferível não incluí-lo no texto da Convenção. De fato, é fácil encontrar no funcionamento concreto dos chamados sistemas tutelares de menores alusões pseudo-doutrinárias a um intangível interesse ou bem-estar do menor, que se invoca como justificação última de todo tipo de decisão.

A aplicação ilimitada deste recurso se sustenta exatamente sobre a lógica da incapacidade do menor, subtraindo-lhe a condição de sujeito, pessoa em peculiar condição de desenvolvimento, titular de direitos e de certas obrigações.

Como ensina com propriedade Miguel Cillero,[73] em face da superação do paradigma da incapacidade, substituído pela "condição peculiar de pessoa em desenvolvimento", *todo interesse superior passa a estar mediado por referir-se estritamente ao direito declarado, somente o que é considerado direito pode ser interesse superior*".

O'Donnell,[74] citado por Cillero, em um clássico artigo intitulado "La Convención sobre los Derechos del Niño: estructura y contenido", já fazia referência a posições críticas que destacavam que tal princípio debilitava a força da Convenção enquanto afirmação da qualidade de sujeito de direitos da criança, uma vez que condicionava o gozo e exercício dos direitos consagrados a eventuais conflitos com este interesse superior.

A leitura deste princípio, ante a condição de sujeito de direitos conquistada por crianças e adolescentes, só pode ser feita à luz do conjunto das garantias constitucionais e processuais expressamente reconhecidas, sob pena de se ressuscitar a velha doutrina travestida de nova. Somente para exemplificar basta ver o disposto no § 1º do art. 28 do Estatuto da Criança e do Adolescente, em que é atribuída relevância à palavra da criança e do adolescente na solução da lide, dando vigência ao disposto no art. 12 da Convenção de Direitos da Criança e do Adolescente.[75] No mesmo

---

[73] Cillero, Miguel. El interés superior del niño en el marco de la convnción Internacional sobre los derechos del niño. In *Justicia y Derechos del Niño* n° 1, UNICEF/Ministério de Justicia de Chile, 1999, p. 45/62.

[74] O'Donnell. D. La Convencion sobre los Derechos del Niño: Estrura y Contenido. *Revista Infancia* n° 230, tomo 63. Julho de 1990. *Boletim do Instituto Interamericano Del Niño.* Montevidéo-Uruguai, 1990, p. 11/25.

[75] Art. 12. 1 – Os Estados Partes assegurarão à criança que estiver capacitada a formular seus próprios juízos o direito de expressar suas opiniões livremente sobre todos os assuntos relacionados com a criança, levando-se em consideração essas opiniões, em função da idade e da maturidade da criança. 2 – Com tal propósito, proporcionar-se-á à criança, em particular, a oportunidade de ser ouvida em todo processo judicial ou administrativo que afete a mesma, quer diretamente quer por intermédio de um representante ou órgão apropriado, em conformidade com as regras processuais de legislação nacional. Aplicado este princípio na esfera do Direito de Família, nas separações judiciais, por exemplo, no que respeita à guarda dos filhos, mesmo crianças, haveria de lhes ser oportunizada a escuta a propósito

sentido o dispositivo do Estatuto da Criança e do Adolescente relativo ao consentimento do adolescente nos casos de adoção, reproduzido no texto do Código Civil.[76] Embora resulte evidente do contexto a necessidade de limitação de tal princípio aos direitos afirmados; por conta da manutenção de conceitos de incapacidade em detrimento ao de sujeito de direito; o chamado princípio do superior interesse da criança acaba sendo operado no atual sistema como um verdadeiro Cavalo de Troia[77] da doutrina tutelar. Tem servindo para fundamentar decisões à margem dos direitos expressamente reconhecidos pela Convenção, adotados por adultos que sabem o que é o melhor para a criança, desprezando totalmente a vontade do principal interessado.[78] Daí por que ainda se determina a internação de adolescentes em conflito com a Lei, em circunstâncias em que a um adulto não se imporia privação de liberdade, sob o pífio argumento de que não sendo pena, isso lhe será um bem, em nome deste suposto superior interesse, ignorando um conjunto de garantias instituídas.[79]

É de se reafirmar aqui ser fácil encontrar no funcionamento concreto dos chamados sistemas tutelares de menores alusões pseudo-doutrinárias a um intangível interesse

---

desta decisão que lhes afeta diretamente, mesmo em separações consensuais, onde acabam sendo "partilhadas como os móveis da casa".

[76] O art. 1.621, *in fine*, apenas repete a sistemática do Estatuto da Criança e do Adolescente (art. 45, § 2º), em que subordinava a adoção de adolescente a seu consentimento.

[77] Cillero, op., cit.

[78] Sobre o tema: Cortés M., Julio. Acerca del principio del interes superior del Niño. In *Infancia y Derechos Humanos*: Discurso, Realidad y Perpectivas. Santiago do Chile: Corporación Opción,Setembro, 2001, p. 61/79.

[79] Ana Paula Motta Costa aborda o tema em uma perspectiva conjuntural, relativizando a operacionalidade deste princípio, se não como um instrumental da perspectiva que estabelece os limites da intervenção dos adultos e a necessidade de consideração do contexto sociocultural , in "Os adolescentes e seus direitos fundamentais" (2012), p. 154; concluindo à p. 227: "... *é fundamental que em seu conteúdo defina-se como interesse superior dos adolescentes a efetividade de maior significância em relação ao conjunto dos direitos previstos no ordenamento jurídico*".

ou bem-estar do menor, que se invoca como justificação última de todo tipo de decisão.

Dimensão exata da importância de atribuição de definição específica aos conceitos passa pela experiência do Poder Judiciário Alemão durante o regime nazista. Interessante reflexão é trazida por François Rigaux: Quando o nazismo se instalou na Alemanha, a partir de 1933, especialmente; dentre as confissões religiosas, aquela que desde o primeiro dia julgou a ideologia nazista incompatível com suas convicções foram os Testemunhas de Jeová. Afirmaram expressamente que a saudação *heil hitler* era contrária à doutrina que professavam. Isso lhes rendeu intensa perseguição, já nos primeiros tempos do regime hitlerista. Resulta disso, entre outros registros, uma sentença de um Tribunal de Hamburgo, que retirou uma criança da guarda de seus pais por estes serem Testemunhas de Jeová, alguma coisa sob o suposto "superior interesse da criança".[80]

Diante de tal consideração, não deixa de produzir alarme o fato de que a Lei 12.010/2009, conhecida como Lei de Adoção, que introduziu significativas alterações no Estatuto da Criança e do Adolescente, tenha ressuscitado, na esfera da legislação infraconstitucional brasileira, o princípio do superior interesse da criança, listando-o, no inciso IV do art. 100, entre os princípios que regem a aplicação de medidas, inclusive socioeducativas, por conta da combinação dos arts. 113, 99 e 100, do Estatuto da Criança e do Adolescente.

---

[80] 5 de junho de 1936, 28 Zebbralblatt fur Jungendrecht und jungendwohlfahrt, 281, in Rigaux, François, A Lei dos Juízes, São Paulo: Martins Fontes, 2000, p. 112.

4. A Constituição Federal, a incorporação da Doutrina da Proteção Integral

O Estatuto da Criança e do Adolescente (Lei 8.069/90) e o Tríplice Sistema de Garantias.

A Constituição Federal de 1988, antecipando-se à Convenção das Nações Unidas de Direito da Criança, incorporou ao ordenamento jurídico nacional, em sede de norma constitucional, os princípios fundantes da Doutrina da Proteção Integral, expressos especialmente em seus arts. 227 e 228.[81]

---

[81] Art. 227. É dever da família, da sociedade e do Estado assegurar à criança e ao adolescente, com absoluta prioridade, o direito à vida, à saúde, à alimentação, à educação, ao lazer, à profissionalização, à cultura, à dignidade, ao respeito, à liberdade e à convivência familiar e comunitária, além de colocá-los a salvo de toda forma de negligência, discriminação, exploração, violência, crueldade e opressão. § 1º O Estado promoverá programas de assistência integral à saúde da criança e do adolescente, admitida a participação de entidades não governamentais e obedecendo os seguintes preceitos: I – aplicação de percentual dos recursos públicos destinados à saúde na assistência materno-infantil; II – criação de programas de prevenção e atendimento especializado para os portadores de deficiência física, sensorial ou mental, bem como de integração social do adolescente portador de deficiência, mediante o treinamento para o trabalho e a convivência, e a facilitação do acesso aos bens e serviços coletivos, com a eliminação de preconceitos e obstáculos arquitetônicos. § 2º A lei disporá sobre normas de construção dos logradouros e dos edifícios de uso público e de fabricação de veículos de transporte coletivo, a fim de garantir acesso adequado às pessoas portadoras de deficiência. § 3º O direito a proteção especial abrangerá os seguintes aspectos: I – idade mínima de quatorze anos para admissão ao trabalho, observado o disposto no art. 7º, XXXIII; II – garantia de direitos previdenciários e trabalhistas; III – garantia de acesso do trabalhador adolescente à escola; IV – garantia de pleno e formal conhecimento da atribuição de ato infracional, igualdade na relação processual e defesa técnica por profissional habilitado, segundo dispuser a legislação tutelar específica; V – obediência aos princípios de brevidade, excepcionalidade e respeito à condição peculiar de pessoa em desenvolvimento, quando da aplicação de qualquer medida

A ideologia incorporada no Texto Constitucional irá nortear o Estatuto da Criança e do Adolescente, legislação infraconstitucional que veio a regulamentar os dispositivos constitucionais que tratam da matéria, sendo, em última análise, a versão brasileira do texto da Convenção das Nações Unidas de Direito da Criança.

A propósito do tema, o Promotor de Justiça do Estado do Maranhão, Eduardo Borges de Oliveira, em estudo realizado, estabelece interessante correspondência entre os diversos direitos elencados no Estatuto da Criança e do Adolescente e a Constituição Federal para afirmar a raiz constitucional dos direitos elencados no Estatuto da Criança e do Adolescente.[82]

O Brasil foi o primeiro país da América Latina a adequar sua legislação nacional aos termos da Convenção. Em verdade, fê-lo mais, na medida em que incorporou seus primados no próprio texto da Constituição Federal.

A condição de primazia no conjunto das nações latino-americanas na adaptação da legislação nacional aos termos da Convenção das Nações Unidas de Direitos da Criança, resultante no Estatuto da Criança e do Adolescente (Lei 8.069/90), decorreu de um grande esforço nacional, cujo

---

privativa da liberdade; VI – estímulo do Poder Público, através de assistência jurídica, incentivos fiscais e subsídios, nos termos da lei, ao acolhimento, sob a forma de guarda, de criança ou adolescente órfão ou abandonado; VII – programas de prevenção e atendimento especializado à criança e ao adolescente dependente de entorpecentes e drogas afins. § 4º A lei punirá severamente o abuso, a violência e a exploração sexual da criança e do adolescente. § 5º A adoção será assistida pelo Poder Público, na forma da lei, que estabelecerá casos e condições de sua efetivação por parte de estrangeiros. § 6º Os filhos, havidos ou não da relação do casamento, ou por adoção, terão os mesmos direitos e qualificações, proibidas quaisquer designações discriminatórias relativas à filiação. § 7º No atendimento dos direitos da criança e do adolescente levar-se-á em consideração o disposto no art. 204. Art. 228. São penalmente inimputáveis os menores de dezoito anos, sujeitos às normas da legislação especial.

[82] Oliveira, Eduardo Borges. A defesa dos direitos da humanidade infanto-juvenil pela ótica da radicalidade constitucional. São Luiz-MA, MIMEO, 1999. Vide anexo a este trabalho.

embrião está no movimento constituinte de 1986 – que desembocou na Constituição de 1988.[83]

O Estatuto da Criança e do Adolescente se assenta no princípio de que todas as crianças e adolescentes, sem distinção, desfrutam dos mesmos direitos e sujeitam-se a obrigações compatíveis com a peculiar condição de desenvolvimento que desfrutam, rompendo, definitivamente, com a ideia até então vigente de que os Juizados de Menores seriam uma justiça para os pobres, na medida em que na doutrina da situação irregular se constatava que para os bens nascidos, a legislação baseada naquele primado lhes era absolutamente indiferente.

Possível se dizer que o Estatuto da Criança e do Adolescente é a versão brasileira da Convenção das Nações Unidas de Direitos da Criança. Tendo resultado de um grande acordo nacional, acaba trazendo em seu bojo algumas concessões à velha doutrina menorista que embaraçam sua eficácia, haja vista o caráter genérico de muitas de suas disposições, atentando-se o conteúdo de seu art. 98, abrindo espaço ao arbítrio e ao subjetivismo na identificação de situações de violação de direitos, máxime por sua operacionalidade ser fundamentalmente da alçada do Conselho Tutelar, de regra composto por leigos;[84] o mínimo conteúdo garantista das condições objetivas de internação previstas no art. 122,[85] onde teria sido necessária uma maior explicita-

---

[83] A construção de um consenso supõe concessões. Assim, remanesce no texto do Estatuto, embora inspirado pela Doutrina da Proteção Integral, algumas concessões ao menorismo ("situação de risco"), assim como certas impropriedades conceituais, tais como a contida no art. 90, inc. II, que chama de "apoio sócio-educativo em meio aberto" ações de evidente caráter protetivo. Sobre o tema; Leoberto Narciso Brancher, em "Semântica da Exclusão", Revista da ESMESC, v. 5, Florianópolis: AMC, 1998, p. 69.

[84] Sobre o tema: Tonial, Cléber. Situação De Risco = Situação Irregular : Por uma questão de princípios. In Revista Juizado da Infância e Juventude, n. 1 (nov. 2003) Porto Alegre: Departamento de Artes Gráficas do TJRS, 2003, p. 22.

[85] Em uma exegese literal, o teor do inciso I do art. 122 autoriza a possibilidade de internação de um adolescente por uma lesão corporal leve (violência à pessoa), o que o coloca em absoluta desvantagem em relação a um adulto, em especial em face das disposições da Lei 9.099/95.

ção, em especial em seu inciso II, que não define conceitos como "reiteração" ou "ato infracional grave"; a dispensa de defensor na audiência pré-processual de apresentação perante o Ministério Público, onde pode ser transacionada remissão com imposição de medida socioeducativa; a inexistência de regras explícitas para o processo de execução de medidas socioeducativas, definindo com maior clareza o papel de seus operadores e os limites de sua atuação etc.

O Princípio da Prioridade Absoluta, erigido como preceito fundante da ordem jurídica, estabelece a primazia deste direito no artigo 227 da Constituição Federal. Tal princípio está reafirmado no art. 4º do Estatuto da Criança e do Adolescente. Neste dispositivo estão lançados os fundamentos do chamado Sistema Primário de Garantias, estabelecendo as diretrizes para uma Política Pública que priorize crianças e adolescentes, reconhecidos em sua peculiar condição de pessoa em desenvolvimento.

É fundamental explicitar, para compreensão desta nova ordem resultante do Estatuto da Criança e do Adolescente, que este se estrutura a partir de três grandes sistemas de garantia, harmônicos entre si:

a) o Sistema Primário, que dá conta das Políticas Públicas de Atendimento a crianças e adolescentes (especialmente os arts. 4º e 86/88) de caráter universal, visando a toda a população infanto-juvenil brasileira, sem quaisquer distinções;

b) o Sistema Secundário que trata das Medidas de Proteção dirigidas a crianças e adolescentes em situação de risco pessoal ou social, não autores de atos infracionais (embora também aplicável a estes, no caso de crianças, com exclusividade, e de adolescentes, supletivamente – art. 112, VI, do Estatuto da Criança e do Adolescente), de natureza preventiva, ou seja, crianças e adolescentes enquanto vítimas, enquanto violados em seus direitos fundamentais (especialmente os arts. 98 e 101). As medidas protetivas visam a alcançar crianças e adolescentes enquanto vitimizados;

c) o Sistema Terciário, que trata das medidas socioeducativas, aplicáveis a adolescentes em conflito com a Lei, autores de atos infracionais, ou seja, quando passam à condição de vitimizadores (especialmente os arts. 103 e 112).

Este tríplice sistema, de prevenção primária (políticas públicas), prevenção secundária (medidas de proteção) e prevenção terciária (medidas socioeducativas), opera de forma harmônica, com acionamento gradual de cada um deles. Quando a criança e o adolescente escapar ao sistema primário de prevenção, aciona-se o sistema secundário, cujo grande agente operador deve ser o Conselho Tutelar. Estando o adolescente em conflito com a lei, atribuindo-se a ele a prática de algum ato infracional, o terceiro sistema de prevenção, operador das medidas socioeducativas, será acionado, intervindo aqui o que pode ser chamado genericamente de sistema de Justiça (Polícia/Ministério Público/Defensoria/Judiciário/Órgãos Executores das Medidas Socioeducativas).

O acionamento destes sistemas faz-se integrado, interessando ao sistema terciário de prevenção o adolescente na condição de vitimizador. Enquanto vítima, seja da exclusão social, seja da negligência familiar etc., faz-se sujeito de medida de proteção (do sistema secundário de prevenção, de nítido caráter preventivo à delinquência).

Antonio Carlos Gomes da Costa utilizava-se de outra classificação, desdobrando o Estatuto da Criança e do Adolescente em quatro eixos: a) políticas sociais básicas; b) política de assistência social; c) política de proteção especial, e d) política de garantias.[86]

Luciano Alves Rossato, Paulo Eduardo Lépore e Rogério Sanches Cunha trazem a síntese dessa sistematização.[87]

---

[86] Costa, Antonio Carlos Gomes da. *É possível mudar – a criança, o adolescente e a família na política social do município*, São Paulo: Malheiros, 1993, p. 30.

[87] *Estatuto da Criança e do Adolescente Comentado*, p. 276/278.

4.1. A imputabilidade penal aos dezoito anos como cláusula pétrea

O conceito de inimputabilidade penal do adolescente, expresso na Constituição, faz-se fundamental na compreensão do Estatuto da Criança e do Adolescente.

Todavia, há quem, desconhecendo o sistema de responsabilidade penal juvenil contemplado no Estatuto da Criança e do Adolescente, corolário da normativa internacional que regula a matéria, insista em confundir inimputabilidade penal com impunidade,[88] pleiteando a extensão do Sistema Penal Adulto ao adolescente em conflito com a Lei, buscando a redução da idade de imputabilidade penal, fixada em dezoito anos.

Os proponentes desta ideia, destituída de fundamentação apta a legitimá-la e construída no desconhecimento do sistema terciário de prevenção insculpido no Estatuto, fundado no Direito Penal Juvenil, desprezam a natureza de cláusula pétrea desta disposição constitucional.[89]

Neste aspecto, cumpre mais uma vez dar relevo ao trabalho do eminente Magistrado Eugênio Couto Terra[90] sustentando o caráter de cláusula pétrea do disposto no art. 228 da CF, afirmando:

"O artigo 228, ao estabelecer a idade mínima para a imputabilidade penal, assegura a todos os cidadãos menores de dezoito anos uma posição jurídica subjetiva, qual seja, a condição de inimputável diante do sistema penal. E tal posição, por sua vez, gera uma posição ju-

---

[88] Em estudo anterior abordo esta temática: *Direito Penal Juvenil. Adolescente e Ato Infracional*: garantias processuais e medidas socioeducativas. 2ª ed. Porto Alegre: Livraria do Advogado, 2002, em especial p. 19/28 e 120/124.

[89] Nesta linha o excelente texto de Luiz Fernando Camargo Barros Vital, "A Irresponsabilidade penal do adolescente", *Revista Brasileira de Ciências Criminais*, ano 5, n° 18, São Paulo: IBCCrim/RT, abril-junho 1997, p. 91.

[90] Terra, Eugênio Couto. A Idade Penal Mínima como Cláusula Pétrea. In *Revista Juizado da Infância e Juventude*, n° 2, p. 27, Porto Alegre: CONSIJ/CGJ, 2004.

rídica objetiva: a de ter a condição de inimputável respeitada pelo Estado.

Num enfoque do ponto de vista individual de todo cidadão menor de dezoito anos, trata-se de garantia asseguradora, em última análise, do direito de liberdade. É, em verdade, uma explicitação do alcance que tem o direito de liberdade em relação aos menores de dezoito anos. Exerce uma típica função de defesa contra o Estado, que fica proibido de proceder a persecução penal. Trata-se, portanto, de garantia individual, com caráter de fundamentabilidade, pois diretamente ligada ao exercício do direito de liberdade de todo cidadão menor de dezoito anos. E não se pode olvidar que a liberdade sempre está vinculada ao princípio fundamental da dignidade da pessoa humana, especialmente em relação às crianças e adolescentes, pois foram reconhecidos como merecedores de absoluta prioridade da atenção da família, da sociedade e do Estado, em face da peculiar condição de seres humanos em desenvolvimento."

Na análise realizada por Eugênio Couto Terra, fica afastada qualquer dúvida sobre o caráter da norma e sua insusceptibilidade a vir a ser alterada mediante emenda constitucional.[91]

---

[91] Eugênio Couto Terra, neste trabalho, anota oito pontos dando conta da insusceptibilidade de alteração da idade penal mínima a saber: É inviável qualquer interpretação que não passe por um rebate principiológico, ou seja, só é possível a aplicação/interpretação da lei (*lato sensu*) em consonância com os princípios constitucionais que dão a conformação do Estado Democrático de Direito. E assim é, pois só se justifica o existir do Estado – "domínio de homens sobre homens" – porque a razão única de sua existência e finalidade é o ser humano. O Estado que não tenha por fim a promoção da dignidade humana – ou, se preferido, a realização dos direitos fundamentais – não tem razão de ser. Uma Constituição, como obra humana que é, sempre apresentará imperfeições, além de não poder ficar indiferente às modificações que se operam no mundo em que exerce a sua função direcionadora. Logo, a possibilidade de sua reforma é imperativa, até para que não venha a perder a sua "força normativa". A reforma constitucional é meio de vivificação da Constituição, pois permite a sua atualização e adequação à realidade. Entretanto, a atividade reformatória, por limitada, não pode transformar-se num meio de desnaturação da vontade do Constituinte originário, sob pena de ser cometida fraude contra a Constituição. A impossibilidade de reforma irrestrita tem por finalidade a preservação do núcleo essencial da Constituição, impedindo que ocorra a perda de sua conexão de sentidos, que é o que lhe dá unidade sistêmica. A Constituição, ao

A proposta, além de inoportuna, por desconhecimento dos fundamentos do Direito da Infância e Juventude e seu modelo de responsabilidade penal juvenil que passamos a abordar, faz-se inconstitucional, cabendo destacar, igualmente, argumentos expendidos por Wilson Donizeti Liberati, distinguido o conceito de inimputabilidade daquele de impunidade.[92]

determinar prioridade absoluta na concretização das condições de uma existência digna para a infância e juventude, *estabelece* que a promoção da dignidade humana dessa categoria de cidadãos tem natureza fundamental, posto que visceralmente ligada ao princípio da dignidade humana. O Supremo Tribunal Federal, quando do julgamento da ADIn nº 939, que versava sobre a inconstitucionalidade da Emenda Constitucional que instituiu o IPMF, delineou o seu entendimento sobre a possibilidade de existência de direito fundamental fora do catálogo previsto na Constituição. Foi reconhecido o caráter materialmente aberto dos direitos fundamentais, posto que podem ser localizados em qualquer local do texto constitucional (e até fora dele), sempre que presente uma posição de fundamentabilidade no conteúdo do direito. Ocorreu, com isso, o acolhimento jurisprudencial da posição da doutrina majoritária. Para além disso, a Corte Constitucional reconheceu que a Constituição é uma unidade sistêmica, em que há um entrelaçamento entre princípios e direitos fundamentais, devendo haver um respeito incondicional aos princípios informativos da Carta Política. Foi ressaltado, também, que os limites à reforma constitucional devem ser observados, pois visam a assegurar a obra do Poder Constituinte, não cabendo ao Poder Reformador agir para desnaturar os direitos e garantias fundamentais insculpidos na Constituição, razão pela qual a pretensão reformatória que possa atingir o núcleo essencial de direito protegido por cláusula de intangibilidade deve, necessariamente, ter uma apreciação restritiva. Sendo a regra que estabelece a idade da imputabilidade penal uma opção política do Constituinte, tanto que a erigiu à condição de norma constitucional, deve assim ser respeitada, visto que a sua constitucionalização implicou a mudança de sua natureza jurídica. Apresenta-se como um direito de defesa da liberdade de todo cidadão menor de dezoito anos de idade, a exigir uma abstenção do Estado, qual seja, a de não promover a persecução penal. Nessa ótica, é garantia (direito-garantia) de direito individual, cuja condição de cláusula pétrea tem expressa (e literal) previsão constitucional (artigo 60, § 4º, inc. IV). Por outra dimensão, apresenta-se como condição de possibilidade do pleno exercício à fruição dos direitos a prestações – garantes de um pleno desenvolvimento social – outorgados à infância e juventude pelo artigo 227 e parágrafos da Lei Maior. E assim é, pois a idade da maioridade penal é que demarca o limite da adolescência. Diminuída, implicaria afastar da condição de adolescente uma parcela dos cidadãos menores de dezoito anos. O artigo 228 da Constituição é regra de imbricação direta com o princípio da dignidade humana, pois preservadora do direito de liberdade, caracterizando-se como autêntico direito fundamental. Logo, pela proibição de retrocesso da posição jurídica outorgada, no que se refere ao seu conteúdo de dignidade humana, é insuscetível de qualquer modificação. Além do que, uma interpretação desse artigo conforme o Estado Democrático de Direito afasta toda e qualquer possibilidade de que sofra alteração.

[92] Liberati, Wilson Donizeti. *Processo Penal Juvenil: a garantia da legalidade na execução de medida socioeducativa.* São Paulo: Malheiros, 2006, p. 63 a 70.

5. O Direito Penal Juvenil

Inimputabilidade penal e responsabilidade penal juvenil. Nem Direito Penal Máximo, nem Abolicionismo Penal.

A violência urbana e a desconfortável sensação de insegurança que assola os centros urbanos, em especial as maiores cidades brasileiras, com seus reflexos em todos os segmentos da Nação, inquietam e produzem um sem-número de proposições visando ao enfrentamento desta questão.

Neste contexto, a questão da chamada delinquência juvenil também se mostra um tema angustiante, até porque, como ensina Emílio Garcia Mendez, é suficiente que um problema seja definido como um mal para passar a tornar-se mal.

A Nação reclama segurança, e soluções simplistas são encorajadas, até mesmo porque se estabelece um raciocínio não menos simplista: enfocando um álibi estrutural, que seria a pobreza, apontada como causa da violência e, como esta (a pobreza) não pode ser resolvida (ao menos no imediato), também a violência não teria solução.

A discussão em torno da responsabilidade penal juvenil, da criminalidade juvenil e da delinquência na adolescência, costuma ser conduzida para que imediatamente o foco seja direcionado para a proposta do rebaixamento da idade penal, posicionando-se dois grupos em pontos opostos.[93]

---

[93] Sobre o tema, em estudo anterior: *Direito Penal Juvenil. Adolescente e Ato Infracional*: garantias processuais e medidas socioeducativas. 2ª ed., Porto Alegre: Livraria do Advogado, 2002, p. 39/48.

A discussão toma este rumo pela desconsideração de que, desde a ratificação da Convenção das Nações Unidas de Direito da Criança pelo Brasil, desde antes, com o advento da Constituição Federal e, especialmente, desde o Estatuto da Criança e do Adolescente, se estabeleceu no país um sistema de responsabilidade penal juvenil.

No debate, posicionam-se, em um extremo, os partidários da Doutrina do Direito Penal Máximo, ideia fundante do movimento Lei e Ordem, que imagina que com mais rigor, com mais pena, com mais cadeia, com mais repressão em todos os níveis, haverá mais segurança.[94]

No outro extremo, os seguidores da ideia do Abolicionismo Penal, para quem o Direito Penal, com sua proposta retributiva, faliu, que a sociedade deve construir novas alternativas para o enfrentamento da criminalidade, que a questão da segurança é essencialmente social, e não penal, e que insistem em ressuscitar o discurso do velho direito tutelar na interpretação que pretendem dar às normas do Estatuto da Criança e do Adolescente.

A razão nunca está nos extremos. Em meio a estes opostos há a Doutrina do Direito Penal Mínimo,[95] que reconhece a necessidade da prisão para determinadas situações, que propõe a construção de penas alternativas, reservando a privação de liberdade para os casos que representem um risco social efetivo. Busca nortear a privação de liberdade por princípios como o da brevidade e o da excepcionalidade, havendo clareza que existem circunstâncias em que a prisão se constitui em uma necessidade de retribuição e

---

[94] A propósito de Direito Penal Máximo, cumpre lembrar que a chamada Lei de Crimes Hediondos, Lei 8.072/90, editada no mesmo mês e ano do Estatuto da Criança e do Adolescente, resultante na época de um "pacote antiviolência", concebida sob os primados do Direito Penal Máximo, não deu conta em reduzir a criminalidade a que se propunha, haja vista que nenhum dos delitos chamados hediondos sofreu redução de incidência desde o advento daquela norma.

[95] Sobre Garantismo Penal e Direito Penal Mínimo, na construção de um sistema protetor da cidadania na ação punitiva do Estado, faz-se imprescindível o conhecimento das lições de Luigi Ferraioli em seu monumental *Direito e Razão*: teoria do Garantismo Penal, São Paulo: RT, 2002.

educação que o Estado deve impor a seus cidadãos que infringirem certas regras de conduta.

Pode-se incluir entre os direitos fundamentais o direito à punição, à possibilidade de expiação, tanto que é comum, na linguagem carcerária, a expressão dos detentos de estar ali "pagando".

De certa forma, parece insuportável a ideia do estar devendo, daí por que o pagar é encarado com natural acatamento, sendo justa e proporcional a retribuição.

Dito tudo isso, há que se afirmar que a discussão da questão infracional na adolescência está mal focada, com, muitas vezes, desconhecimento de causa.

Não se pode ignorar que o Estatuto da Criança e do Adolescente instituiu no país um sistema que pode ser definido como de Direito Penal Juvenil.[96] Estabelece um mecanismo de sancionamento, de caráter pedagógico em sua

---

[96] Armando Afonso Konzen, em sua Monografia "Sentenças Sócio-Educativas: Reflexões sobre a Natureza e Finalidade das Medidas", analisa minuciosamente o tema: "Se a medida socioeducativa é uma das espécies das sanções penais, sanção penal especial ou sanção penal juvenil, porque destinada ao adolescente, e se as consequências de sua aplicação pode produzir o sentido de aflição para o destinatário, então importa, como corolário lógico, a incidência de todo o conjunto de instrumentos individuais garantistas hodiernamente construídas e expressamente previstas pelo Direito. (...) O Estatuto da Criança e do Adolescente arrola, um a um, minuciosamente, os direitos individuais do adolescente autor de ato infracional, as garantias processuais deste mesmo infrator e o rito procedimental da apuração. Seja esse conjunto de normas, pertencente a uma normatividade específica, denominado de Direito Penal Especial, Direito Penal Juvenil, Direito Sócio--Educativo, Direito Infracional, ou com qualquer outro termo, o que importa é a reunião de princípios e regras normatizadoras de prerrogativas e possibilidades de contraposição aos mandamentos do Estado-Juiz iguais aos imputáveis penais maiores de idade. Nesse particular, não há nenhuma distinção entre as consequências do comportamento infracional do adulto e o comportamento infracional do adolescente, ambos têm as mesmas garantias materiais e instrumentais, porque garantias com assento na ordem constitucional". Embora não admita a expressão *Direito Penal Juvenil*, Paulo Afonso Garrido de Paula, cuja contribuição para a construção do Novo Direito da Infância e Juventude no Brasil se faz notável, analisando a natureza jurídica da medida socioeducativa e o sentido da norma, afirma a incidência de todas as garantias processuais penais e constitucionais, discorrendo sobre estes mesmos fundamentos para ao final, sob o argumento da autonomia do Direito da Infância, afirmar que este conjunto de valores não configuraria um Direito Penal Juvenil, em sua interessante obra *Direito da Criança e do Adolescente e tutela jurisdicional diferenciada*, São Paulo: RT, 2002. Também formula crítica a este

concepção e conteúdo, mas evidentemente retributivo em sua forma, articulado sob o fundamento do garantismo penal e de todos os princípios norteadores do sistema penal enquanto instrumento de cidadania, fundado nos princípios do Direito Penal Mínimo.

Quando se afirma tal questão, não se está a inventar um Direito Penal Juvenil. O Direito Penal Juvenil está ínsito ao sistema do Estatuto da Criança e do Adolescente e seu aclaramento decorre de uma efetiva operação hermenêutica, incorporando as conquistas do garantismo penal e a condição de cidadania que se reconhece no adolescente em conflito com a Lei.[97]

A crise no sistema de atendimento a adolescentes infratores privados de liberdade no Brasil só não é maior que a crise do sistema penitenciário, para onde se pretende transferir os jovens infratores de menos de dezoito anos.

Esta crise, do sistema dos adolescentes, se agudiza quando os arautos do catastrofismo, sob argumentos os mais variados, até mesmo de defesa dos direitos humanos, deixam de demonstrar uma série de experiências notáveis que se desenvolvem nesta área no país, passando uma falsa ideia de inviabilidade do sistema de privação de liberdade de adolescentes.

Este sistema, quer se goste, quer não se goste, tem um perfil prisional em certo aspecto, pois é inegável que do ponto de vista objetivo, a privação de liberdade decorrente do internamento[98] faz-se tão ou mais aflitiva que a pena de prisão do sistema penal. Basileu Garcia ensinava que o

conceito Alexandre Morais Rosa, em *Direito Infracional*: Garantismo, Psicanálise e Movimento Anti-Terror. Florianópolis: Habitus, 2005.

[97] A propósito da questão hermenêutica faz-se imprescindível ver Streck, Lenio. *Hermenêutica Jurídica e(m) Crise*. Porto Alegre: Livraria do Advogado. 2000. Em especial, em face ao debate, o capítulo "O abrir de uma clareira e a busca do acontecer do Direito: a hermenêutica e a resistência constitucional", p. 265 a 289.

[98] Sem prejuízo dessa convicção, convém relembrar as lições de Antonio Carlos Gomes da Costa, enfatizando que a privação de liberdade de adolescentes vem presidida por três princípios básicos informadores do sistema, a saber: a) princípio brevidade da medida, que é o princípio cronológico; b) princípio da excepciona-

elemento fundante do conceito de pena seria seu caráter de aflitividade.[99] Do ponto de vista das sanções há medidas socioeducativas que têm a mesma correspondência das penas alternativas, haja vista a prestação de serviços à comunidade, prevista em um e outro sistema, com praticamente o mesmo perfil.

O que pode ser mais aflitivo a um jovem de 16 anos do que a privação de liberdade, mesmo que em uma instituição que lhe assegure educação e uma série de atividades de caráter educacional e pedagógico, mas da qual não pode sair?

Mário Volpi, Oficial de Programas do UNICEF para o Brasil, analisando a questão da internação sob o ponto de vista da percepção dos adolescentes privados de liberdade, tendo ouvido 228 adolescentes em todo o Brasil (em Porto Alegre, São Paulo, Belo Horizonte, Brasília, Recife e Belém), afirma:

"A experiência da privação de liberdade, quando observada pela percepção de quem a sofreu, revela toda a sua ambigüidade e contradição, constituindo-se num misto de bem e de mal, castigo e oportunidade, alienação e reflexão, cujo balanço final está longe de ser alcançado, uma vez que as contradições da sociedade nunca serão isoladas no interior de qualquer sistema, por mais asséptico que ela seja".[100]

A dificuldade para o reconhecimento da implantação, pela Doutrina da Proteção Integral, de um conceito do que se tem chamado Direito Penal Juvenil, com sanções e sua

---

lidade, que é o princípio lógico, e c) princípio da peculiar condição de pessoa em desenvolvimento, que é o princípio teleológico.

[99] Sergio Salomão Shecaira disserta sobre o tema em "Sistema de Garantias e Direito Penal Juvenil" (São Paulo: RT, 2008), enfrentando o chamado paradigma da ambiguidade entre tantas questões, realçando o Direito Penal Juvenil como elemento de garantia da cidadania dos adolescentes a que se atribui a autoria de ato infracional (especialmente o capítulo "Visão Crítica da Proteção Integral", fls. 216/218).

[100] Volpi, Mário. *Sem Liberdade, Sem Direitos*. Cortez: São Paulo, 2001, p. 56.

respectiva carga retributiva e conteúdo pedagógico, resulta de um exacerbado pré-conceito de natureza hermenêutica, em face a uma cultura menorista presente e atuante, do que já nos adverte Amaral e Silva em suas lições.[101]

No dizer de Lenio Streck,

"o intérprete jamais chega ao texto sem um 'ter-que--ver-prévio' com este: se o texto fala de poder, da justiça ou da vida, o leitor/intérprete entenderá o texto em função de suas próprias experiências sobre o poder, a justiça e a vida. Jamais haverá, pois, uma leitura ingênua, porque o intérprete leva consigo uma compreensão prévia daquilo que quer compreender. Entre essa compreensão prévia e o texto (fato, norma etc.) se dá, pois, uma relação de circularidade típica, um círculo que pode frustrar a compreensão definitiva, porém que é certamente algo positivo, porque não há forma de entender uma coisa que não seja inserindo-a em uma bagagem de conhecimentos prévios que permitem que essa coisa desdobre todo o sentido que encerra. O círculo hermenêutico que se produz entre o texto e o leitor não é senão uma nova versão, uma versão extremada do círculo intelectivo que a hermenêutica clássica havia observado que se dá entre a totalidade de uma obra literária e as partes que a compõem. Não se pode entender o sentido de um texto se não houver entendido o sentido de cada uma de suas partes, porém tampouco se entende plenamente o sentido de cada uma de suas partes até conseguir a compreensão da obra. O texto será, assim, um interlocutor, buscando nele um ensinamento que pode enriquecer o próprio acervo do intérprete".[102]

A conduta dos que negam a existência de um Direito Penal Juvenil, implica necessariamente a conclusão de

---

[101] Amaral e Silva, Antônio Fernando. O Mito da Inimputabilidade Penal do adolescente. *Revista da Escola Superior da Magistratura do Estado de Santa Catarina*, v. 5. Florianópolis: AMC, 1998.

[102] Streck, Lenio. Op. cit., p. 246.

abandono dos conceitos introduzidos pelas normas do próprio ECA (especialmente no que respeita à responsabilidade com sancionamento de medidas socioeducativas e de condição de sujeito de direitos ostentada pelo adolescente). Não consideram o conjunto da Normativa Internacional e, especialmente, a Ordem Constitucional estabelecida, que contamina o sistema como única forma de lhe emprestar legitimação e que afirma a condição cidadã do adolescente, não se construindo cidadania sem responsabilidade.

A não admissão de um sistema penal juvenil, de natureza sancionatória, significa o apego aos antigos dogmas do menorismo, que não reconhecia no "menor" a condição de sujeito. Ou significa um discurso de abolicionismo penal. Na questão do menorismo o discurso tem sido de operação com os dispositivos do Estatuto, porém com a lógica da Doutrina da Situação Irregular. Na outra hipótese será o imaginar ingênuo de que apenas o debate sociológico poderá equacionar a questão da responsabilidade juvenil.

A propósito, afirmando o Direito Penal Juvenil, introduzido no sistema legal brasileiro desde o advento do Estatuto da Criança e do Adolescente, sentencia Emílio Garcia Mendez:

"A construção jurídica da responsabilidade penal dos adolescentes no ECA (de modo que foram eventualmente sancionados somente os atos típicos, antijurídicos e culpáveis e não os atos 'anti-sociais' definidos casuisticamente pelo Juiz de Menores), inspirada nos princípios do Direito Penal Mínimo constitui uma conquista e um avanço extraordinário normativamente consagrados no ECA. Sustentar a existência de uma suposta responsabilidade social em contraposição à responsabilidade penal não só contradiz a letra do ECA (art. 103) como também constitui – pelo menos objetivamente – uma posição funcional a políticas repressivas, demagógicas e irracionais. No contexto do sistema de administração da justiça juvenil proposta pelo ECA, que prevê expressamente a privação de liberdade para delitos de natureza grave, impugnar a existência de um Direito Penal Juvenil é tão absurdo como impugnar a Lei da Gravidade. Se em uma definição realista o Direito Penal se caracteriza pela capacidade efetiva – Legal e legítima – de produzir sofrimentos reais, sua impugnação ali onde a sanção de privação de liberdade existe e se aplica constitui uma manifestação intolerável de ingenuidade ou o regresso sem dissimulação ao festival de eufemismo que era o Direito de 'Menores'".[103]

Oportuno, ainda, referir os argumentos expendidos por Wilson Donizeti Liberati, em *Processo Penal Juvenil*, discorrendo por vários autores para dissertar sobre um *Direito Penal Especial*, distinguindo este, destinado aos autores de infração penal menores de 18 anos, daquele, o comum, aplicável aos imputáveis, maiores de 18 anos.[104]

5.1. Ato Infracional. Conduta típica, antijurídica e culpável. Medida Socioeducativa, de natureza retributiva e finalidade pedagógica.

O Estatuto da Criança e do Adolescente construiu um novo modelo de responsabilização do adolescente em conflito com a Lei.

A adoção da Doutrina da Proteção Integral, promovendo o então "menor", mero objeto do processo, para uma nova categoria jurídica, passando-o à condição de sujeito do processo, conceituando criança e adolescente em seu artigo segundo, estabeleceu uma relação de direito e dever, observada a condição especial de pessoa em desenvolvimento, reconhecida ao adolescente.

O conceito que se pretenda emprestar ao sistema jurídico adotado pelo Estatuto no tratamento da questão do

---

[103] Op. cit., p. 16.
[104] Liberati, Wilson Donizeti. Op. cit., p. 70 a 88.

adolescente em conflito com a Lei, o *nomem juris* deste sistema, tem provocado algumas reações. Se desejarem chamar de sistema de "responsabilização especial", se de "responsabilização estatutária", se de "responsabilização infracional", em vez de "direito penal juvenil" ou "direito penal de adolescente", desimporta.

Há que existir a percepção que o Estatuto impõe sanções aos adolescentes autores de ato infracional e que a aplicação destas sanções, aptas a interferir, limitar e até suprimir temporariamente a liberdade dos jovens, há que se dar dentro do devido processo legal, sob princípios que são extraídos do direito penal, do garantismo jurídico, e, especialmente, da ordem constitucional que assegura os direitos de cidadania.

O Estado de Direito se organiza no binômio direito/dever, de modo que às pessoas em peculiar condição de desenvolvimento, assim definidas em lei, cumpre ao Estado definir-lhe direitos e deveres próprios de sua condição.

A sanção estatutária, nominada medida socioeducativa, tem inegável conteúdo aflitivo (na lição legada por Basileu Garcia) e por certo esta carga retributiva se constitui em elemento pedagógico imprescindível à construção da própria essência da proposta socioeducativa. Há a regra e há o ônus de sua violação.

Desta forma somente poderá ser sancionável o adolescente em determinadas situações. Só receberá medida socioeducativa se autor de determinados atos. Quais? Quando autor de ato infracional. E o que é ato infracional? A conduta descrita na Lei (Penal) como crime e contravenção.

Não existe mais o vago e impreciso conceito de "desvio de conduta", tantas vezes invocado no anterior sistema, sob arrimo do art. 2º, inc. V, do antigo Código de Menores, para segregar "menores" inconvenientes.[105]

---
[105] Lei 6.697/79 (Código de Menores), art. 2º: Para efeitos deste Código, considera-se em situação irregular o menor: V – com desvio de conduta, em virtude de grave inadaptação familiar ou comunitária.

Desde o advento do Estatuto da Criança e do Adolescente vige o princípio da legalidade ou da anterioridade penal. Aliás, desde o advento da Constituição Federal, que não recepcionou o Código de Menores de 1979.

Ou seja, somente haverá medida socioeducativa se ao adolescente estiver sendo atribuída a prática de uma conduta típica.

Ainda assim, para sofrer a ação estatal visando a sua socioeducação haverá de esta conduta ser reprovável, ser passível desta resposta socioeducativa que o Estado sancionador pretende lhe impor, na medida em que o Ministério Público, na Representação que oferece, deduz a pretensão socioeducativa do Estado em face do adolescente ao qual atribui a prática de ato infracional.

A conduta, pois, além de típica, há de ser antijurídica, ou seja, que não tenha sido praticada sob o pálio de quaisquer das justificadoras legais, as causas excludentes da ilicitude previstas no art. 23 do Código Penal.

Se agiu o jovem em legítima defesa, ele, como o penalmente imputável, terá de ser absolvido, mesmo tendo praticado um fato típico. Será absolvido com fundamento no art. 189, III, do Estatuto, ou seja, por não constituir o fato ato infracional.

Há que se ter mente o conceito de crime (ato típico, antijurídico e culpável). Não sendo antijurídico, não será a conduta típica crime e, não sendo a conduta típica crime, também não será ato infracional.

Igualmente não haverá ato infracional se sua conduta não for culpável, excluindo-se do conceito de culpabilidade o elemento biológico da imputabilidade penal, ou, como para alguns, o pressuposto da culpabilidade.[106] Aliás, parafraseando Egas Diniz Moniz de Aragão, em sede de estudo

---

[106] Fragoso, Heleno Cláudio. *Lições de Direito Penal*: Parte Geral. 4ª ed. Rio de Janeiro: Forense, 1980, p. 202.

da culpabilidade, ninguém lhe atravessa os umbrais sem receios.[107]

Assim sendo, excluído o pressuposto da culpabilidade do ponto de vista da imputabilidade penal, os demais elementos da culpabilidade hão de ser considerados. Assim, há que se ter em vista, quando o Estado pretenda sancionar o adolescente com alguma medida socioeducativa, sua potencial consciência da ilicitude e a exigibilidade de conduta diversa, circunstâncias que levam à reprovabilidade da conduta.

Sobre o tema, discorre Martha de Toledo Machado:

"(...) num modelo garantidor da dignidade da pessoa humana de tratamento do crime praticado por criança ou adolescente, devem ter plena validade as grandes linhas dos pressupostos teóricos, filosóficos e normativos da culpabilidade, cristalizados naquelas noções ligadas à potencial consciência da ilicitude e à exigibilidade de conduta diversa, que condensam e pormenorizam juridicamente os pressupostos de reprovabilidade da conduta, apoiados nas noções de voluntariedade e de livre-arbítrio.

Pode parecer um paradoxo que se sustente a utilização dessas noções quando se trata de autor de crime que é criança e adolescente: se lhes falta justamente o reconhecimento jurídico da capacidade penal, ou seja, da imputabilidade, 'a condição psíquico-física do agente, consistente na sua capacidade, em abstrato, de entender e querer', como teriam pertinência as noções de potencial consciência da ilicitude e exigibilidade de conduta diversa?

---

[107] Moniz de Aragão, E. D. *Comentários ao CPC*. v. II, Rio de Janeiro: Forense, 1979, p. 329. A propósito do estudo da culpabilidade, cumpre colecionar o interessante ensaio de Luiz Augusto Freire Teotônio. *Culpabilidade*: Concepções e Modernas Tendências Internacionais e Nacionais. Campinas: Minelli, 2001. Sobre o tema específico no Direito Penal Juvenil: Cillero Bruñol, Miguel. *Nulla Poena Sine Culpa*. Um limite necessário al castigo penal de los adolescentes. Santiago do Chile: OEA, 2001.

Mas se não trabalharmos com o ferramental teórico de potencial consciência de ilicitude e exigibilidade de conduta diversa sobre quais pressupostos iríamos assentar a reprovabilidade da conduta de crianças e adolescentes? Por outras palavras, se ficassem afastadas essas duas noções, hipoteticamente poderíamos chegar apenas a duas conclusões: ou a conduta não é reprovável e, por isso, não demanda nenhuma resposta do Estado, ou a resposta do Estado independe da reprovabilidade da conduta: ou seja, o Estado, por definição, não deveria responder a uma conduta humana reprovável, mas meramente a um resultado danoso".[108]

Nosso sistema inadmite a responsabilidade objetiva de crianças e adolescentes pela prática de um fato definido como crime, sob pena de negar-se eficácia a todo conjunto garantista inserido no próprio texto constitucional. Assim há de se analisar a conduta infracional à luz dos elementos normativos da culpabilidade. Logo, se a ação cometida pelo adolescente, embora típica e antijurídica, por ausência de elementos de culpabilidade não for reprovável, assim como ao adulto não caberá a imposição de pena, ao adolescente não se lhe poderá impor medida socioeducativa.

Não haverá culpabilidade e, em consequência não haverá sanção socioeducativa, quando houver na conduta do adolescente erro inevitável sobre a ilicitude do fato (art. 21 do Código Penal); erro inevitável a respeito do fato que configuraria uma descriminante – descriminantes putativas (art. 20, § 1º, do Código Penal); obediência à ordem, não manifestamente ilegal, de superior hierárquico (art. 22, Segunda parte, do Código Penal) e ainda a inexigibilidade de conduta diversa na coação moral irresistível (art. 22, primeira parte, do Código Penal)[109]

---

[108] Machado, Martha de Toledo. *A Proteção Constitucional de Criança e Adolescentes e Direitos Humanos*. Barueri-SP: Manole, 2003, especialmente p. 251 a 262.

[109] Mirabete, Julio Fabbrini. *Manual de Direito Penal*, v. 1, 2ª ed. São Paulo: Atlas, 1985, p. 196.

Assim se no agir do adolescente lhe for inexigível conduta diversa, como legou ao mundo jurídico a doutrina penal alemã, não poderá este ser sancionado com medida socioeducativa, haja vista que um agente penalmente imputável, nestas condições, também não teria sua conduta reprovada e não seria penalizado, incidindo aqui a regra da Convenção das Nações Unidas de Direito da Criança que não admite que se dê ao adolescente em conflito com a Lei tratamento legal mais desfavorável que se dá ao adulto – a norma tem que ser inversa, o tratamento mais favorável há de ser o do adolescente, ou, ao menos, em igualdade de tratamento.

O jovem, em certas situações, insusceptível de medida socioeducativa, poderá necessitar de medida de proteção, como o acompanhamento e orientação temporário, dentre as demais listadas no art. 101, em face de alguma situação pessoal ou social que reclame esta medida protetiva, nos termos do art. 98 do Estatuto (poderá estar evadido da escola ou necessitando de atendimento psicológico ou para combate à dependência química). A medida de proteção neste caso será aplicada sem caráter sancionatório, não decorrerá do que o agente praticou, mas sim se certa circunstância pessoal que a reclame, sem a cogência própria da medida socioeducativa.

O adolescente jamais poderá ser destinatário de uma medida socioeducativa quando o seu agir, fosse ele penalmente imputável, se fizesse insusceptível de reprovação estatal.

A propósito do tema, arrematando a aprofundada análise que propõe, afirma Martha T. Machado:

"... enquanto a doutrina não lograr ajustar as noções de voluntariedade, potencial consciência da ilicitude e exigibilidade de conduta diversa às peculiaridades da personalidade juvenil, temos de, necessariamente, utilizar o ferramental teórico-normativo já existente e aplicável para o adulto, embora ele comporte algum grau de imprecisão ou de inadequação. É que, seja histórica seja hipoteticamente, nunca foram criados outros parâmetros, que não estes invocados, com potência suficiente para contrapor a responsabilidade criminal objetiva".[110]

Nessa mesma linha Karyna Batista Sposato, que discorre sobre o princípio da culpabilidade em face do Direito Penal Juvenil e a inadmissão de uma lógica de responsabilidade objetiva em face a ação do Estado na imposição de limites à liberdade do agente independentemente de seu consentimento:

"É importante sublinhar que o princípio da culpabilidade possibilita a imputação subjetiva, ou seja, a vinculação de um agir injusto a uma pessoa atuante, mecanismo que é fundamental para nossa cultura jurídico-penal. E a ideia central de que as pessoas podem produzir resultados no mundo externo também se aplica aos adolescentes".[111]

Desse modo a ação do Estado para imposição de uma medida socioeducativa a um adolescente a que se atribua a prática de conduta infracional repousa na lógica da tipicidade, da antijuridicidade e da culpabilidade.

5.2. Inimputabilidade, responsabilidade juvenil e capacidade e incapacidade para cumprir medida socioeducativa (a questão do portador de sofrimento psíquico)

Corolário do até aqui exposto é que, embora o adolescente se faça inimputável, insusceptível às penas aplicáveis aos adultos; faz-se responsável, submetendo-se às sanções que estabelece o sistema juvenil, chamadas medidas socioeducativas.

---

[110] Machado, Martha T., op. cit., p. 262.
[111] Sposato, Karyna Batista, *O Direito Penal Juvenil*, São Paulo: RT, 2006, p. 103.

Poderá não se fazer sujeito da medida socioeducativa este adolescente, quando padecer de sofrimento psíquico que o incapacite. Tal jovem, mesmo ao atingir a idade de imputabilidade penal, permanecerá inimputável nos termos do art. 26 do Código Penal. Neste caso, sequer responsabilidade juvenil terá, por não possuir capacidade para cumprir medida socioeducativa (art. 112, § 1º).

Faz-se deste modo insusceptível de aplicação de medida socioeducativa, mesmo sendo autor de ato infracional, haja vista sua incapacidade de cumpri-la. Deverá ser submetido a uma medida de proteção, nos termos do art. 101, inc. V, do Estatuto da Criança e do Adolescente, devendo ser internado em hospital psiquiátrico ou submetido a tratamento ambulatorial, sem submissão de medida socioeducativa.

Daí concluir-se não ser possível que se permaneça a tratar igualmente os desiguais, supondo que um adolescente portador de sofrimento psíquico, incapaz de discernir e neste caso sem responsabilidade juvenil, submeta-se à medida socioeducativa.

O tema, polêmico, até mesmo por conta de seu insuficiente enfrentamento pelo Estatuto da Criança e do Adolescente, praticamente restrito ao § 3º do art. 112, tem provocado as mais diversas soluções. A propósito, recomendo o exame de algumas decisões sobre o tema. Primeiramente, sentença lançada pelo Magistrado Maurício Porfírio Rosa, do Juizado da Infância e Juventude de Goiânia, em setembro de 2002,[112] onde é determinada a internação de um jovem, com aplicação de Medida de Segurança, no Instituto Psiquiátrico Forense. Não se fazem menos interessantes decisões prolatas pelos Magistrados Breno Beutler Júnior e José Antônio Daltoé Cezar, juízes do Juizado da Infância e Juventude de Porto Alegre, aptas a demonstrar a dificuldade que o tema encerra. A primeira quanto ao cabimento da medida socioeducativa

---

[112] In *Revista Juizado da Infância e Juventude*, n. 1 (nov. 2003) Porto Alegre: Departamento de Artes Gráficas do TJRS, 2003, p. 56.

em face do adolescente portador de deficiência mental, com aplicação de medida socioeducativa para cumprimento no sistema socioeducativo; e a segunda quanto à aplicação analógica das normas atinentes às medidas de segurança, com aplicação de medidas protetivas.[113] [114]

Seja qual for a solução preconizada, não se faz admissível que permaneçamos a reproduzir o chamado modelo Salpêtriére, mencionado por Foucault.[115]

A Lei 12.594, de 18.01.2012, Lei de Execução das Medidas Socioeducativas, estabelece em seu artigo 46, inc. IV, a possibilidade de extinção da medida socioeducativa pela condição de doença que torne o adolescente incapaz de submeter-se ao cumprimento da medida.

O mesmo diploma legal trata a questão no título "Do Atendimento a Adolescente com Transtorno Mental e com Dependência de Álcool e de Substância Psicoativa", estabelecendo no § 4º do art. 65, que o Juiz poderá suspender a execução da medida socioeducativa, ouvidos o Defensor

---

[113] In *Revista Juizado da Infância e Juventude*, n. 2, ano II (1º semestre 2004) Porto Alegre: Departamento de Artes Gráficas do TJRS, 2004, respectivamente nas p. 97 e 92.

[114] No TJRS, o tema encerra controvérsias ainda não superadas: "Ato Infracional. Adolescente com indícios de incapacidade mental. Internação. Descabimento. Havendo indícios nos autos de que o representado apresenta incapacidade de entender o caráter ilícito do fato, não pode receber medida socioeducativa sem antes ser realizada avaliação psíquica. Se demonstrado a incapacidade, é cabível medida de proteção. Sentença desconstituída para reabrir a instrução" (AC 70004795159).

[115] O modelo Salpêtrière é resultado de uma referência feita por Michel Foucault à experiência realizada na França, em uma clássica tentativa, ainda hoje tão em voga, de se pretender estabelecer uma igualdade de tratamento entre desiguais, resultando em injustiça para todos, na medida em que a nenhum se atende adequadamente, "punindo" a todos. Salpêtrière significa, literalmente, mina de salitre. Até 1634, o prédio servia como fábrica de pólvora. Em 27 de abril de 1656, através de édito real, é criado o Hospital Geral, que é o resultado, segundo Michel Foucault, do agrupamento de diversos estabelecimentos cuja administração central passa a ser a da Salpêtrière, a qual vai recolher, alojar, alimentar e disciplinar pobres "de todos os sexos, lugares e idades, de qualquer qualidade de nascimento, e seja qual for sua condição, válidos ou inválidos, doentes ou convalescentes, curáveis ou incuráveis" (Édito de 1656, art. IV). Mas, como afirma Foucault, nunca aconteceu de seu estatuto nelas ser claramente determinado, nem qual sentido tinha essa vizinhança que parecia atribuir uma mesma pátria aos pobres, aos desempregados, aos correcionários e aos insanos. Foucault, Michel. *A História da Loucura*. 2ª ed. São Paulo: Perspectiva, 1981, p. 48 e 49.

e o Ministério Público (na verdade o Ministério Público e o Defensor, por boa técnica), com vistas a incluir o adolescente em programa de atenção integral à saúde mental que melhor atenda aos objetivos terapêuticos estabelecidos para o seu caso específico, devendo o tratamento observar a normativa que trata da proteção e direitos das pessoas portadoras de transtornos mentais, no âmbito do sistema assistencial em saúde mental (Lei 10.216, de 6 de abril de 2006).

Sobre esse tema, já tive oportunidade de me pronunciar em outro trabalho.[116]

5.3. Os fundamentos do Direito Penal a informar o sistema

Cumpre reafirmar que o cabimento da aplicação da medida socioeducativa ao adolescente autor de ato infracional deve ser considerada pelo prisma e sob os fundamentos do Direito Penal.

Não se faz admissível que, por conta da minimização da natureza retributiva da resposta do Estado frente ao ato infracional, minimizem-se também as garantias penais e processuais penais que o sistema de responsabilidade juvenil consagra.

Ao adolescente que se atribui a autoria de ato infracional reconhecem-se todas as garantias mais outras, próprias de sua condição peculiar de pessoa em desenvolvimento, em um *plus* de garantias, que se tem denominado discriminação positiva. Faz-se inaceitável a facilidade em que alguns julgados reconhecem a possibilidade da internação provisória, quando um maior de dezoito anos, na mesma circunstância, jamais teria contra si o decreto de prisão preventiva.

---

[116] Abordo esse tema em maior profundidade, a partir de preciosa contribuição do psicólogo Gerson Silveira Pereira, in *Compêndio de Direito Penal Juvenil*. 4ª ed. Porto Alegre: Livraria do Advogado, 2010, p. 197 a 202.

Por sua natureza, a Medida Socioeducativa se constitui em um sancionamento estatal, limitador da liberdade do indivíduo (mesmo aquelas em meio aberto), tanto que somente o Judiciário pode impô-la, mesmo nos casos em que esta venha a ser concertada pelo Ministério Público em sede de remissão.[117]

Para realçar este aspecto, não pode ser olvidado que o descumprimento injustificado e reiterado de medida socioeducativa em meio aberto (*v.g.* Liberdade Assistida e Prestação de Serviços à Comunidade) anteriormente imposta, pode sujeitar o adolescente à privação de liberdade, nos termos do art. 122, III, do Estatuto.[118]

Assim, mesmo em uma medida socioeducativa em meio aberto, tem o adolescente sob sua cabeça esta espada do Estado. É inegável, pois, o caráter aflitivo desta imposição estatal.

Daí por que deveria estar presente o Defensor do Adolescente, mesmo naquela audiência preliminar (pré-processual) feita perante o Ministério Público, quando da apresentação do adolescente ao Órgão do *Parquet* (arts. 175 a 180 do Estatuto da Criança e do Adolescente), quando não raras vezes é concertada a remissão (e aí há concerto, e não concessão, porque quem concede é Autoridade Judiciária quando homologa o ato).[119]

---

[117] Súmula 108 do STJ.
[118] Súmula 265 do STJ.
[119] Sobre a possibilidade de o Juiz, homologando a Remissão, substituir a medida socioeducativa proposta pelo Ministério Público: Apelação Civil. ECA. PRELIMINAR DE NULIDADE DA DECISÃO POR ausência de fundamentação. Inocorrência. O acolhimento da manifestação da defesa para a substituição da medida socioeducativa indicada pelo Ministério Público por outra menos gravosa, é fundamento para decidir. Preliminar afastada. Remissão cumulada com medida socioeducativa de prestação de serviços à comunidade. Substituição em audiência de homologação por medida menos gravosa. POSSIBILIDADE. É competência do Juízo a aplicação de medida socioeducativa em razão da prática de ato infracional, Súmula nº 108, STJ. O art. 128 do ECA autoriza, a qualquer tempo, a revisão da medida aplicada por força da remissão. Na espécie, considerando as circunstâncias do ato e as condições pessoais do adolescente, sua admoestação mostra-se suficiente para alertá-lo quanto à reprovabilidade de seu agir. (AC nº 70017532664, rel. Des. Ricardo Raupp Ruschel, TJRS, em 20.12.2006)

A presença do Defensor neste ato traria o necessário equilíbrio à relação, mesmo sendo esta pré-processual, haja vista os efeitos disso resultante. Identifica-se aqui, na atual redação da Lei, uma concessão feita pelo Estatuto da Criança e do Adolescente à antiga doutrina da situação irregular, tendo apenas transferido a antiga condição do Juiz de Menores, agora ao Promotor da Infância.[120]

É mais do que de tempo de se adequar o procedimento do Estatuto da Criança e do Adolescente às benesses introduzidas no Sistema Processual Penal ao adulto, resultantes da Lei 9.099/95, superveniente ao Estatuto da Criança e do Adolescente, operando-se com a lógica do sistema e fazendo incidir as disposições do art. 152 do Estatuto da Criança e do Adolescente que remete à legislação processual pertinente (neste caso, a legislação processual penal) sua aplicação supletiva. No atual tratamento reservado ao adolescente, tem este sido tratado, nos chamados "delitos de menor potencial ofensivo", em flagrante desvantagem em relação ao adulto, o que vulnera o texto da Convenção das Nações Unidas de Direitos da Criança, norma de hierarquia superior ao próprio Estatuto da Criança e do Adolescente por expressa disposição constitucional, haja vista o teor do § 2º do art. 5º da Constituição Federal.

5.3.1. A Prescrição da Medida Socioeducativa

Na linha das garantias reconhecidas aos adolescentes a que se atribui conduta infracional, cumpre destacar a aplicabilidade do instituto da *prescrição* em se tratando de medida socioeducativa.

---

[120] Sobre o tema, discorre Alexandre Morais Rosa, elencando argumentos fundados no garantismo, afirmando que se não houve assistência de defensor na audiência de apresentação presidida pelo Ministério Público, na fase pré-processual, com concerto de submissão à medida socioeducativa, caberá ao Magistrado deixar de homologar a remissão devolvendo o processado ao *Parquet* para sanação de tal requisito de desenvolvimento válido e regular do ato judicial – Ato Infracional, Remissão, Advogado e Garantismo, in *Revista Juizado da Infância e Juventude*, v. 2, ano II, TJRS: 2004, p. 62.

Até o advento da Súmula 338 do STJ, que afirmou a aplicação do instituto da prescrição penal às medidas socioeducativas; arestos de diversos Tribunais, sob o pífio argumento de que a medida socioeducativa não se constitui pena, subtraíam do adolescente em conflito com a lei esta garantia decorrente do sistema. Utilizando-se de eufemismos, negava-se ao adolescente o direito que se reconhece ao adulto.

No momento em que o Estatuto da Criança e do Adolescente conceitua ato infracional como sendo a conduta criminosa ou contravencional, está a reconhecer aos adolescentes em conflito com a lei (corolário do texto da Convenção das Nações Unidas de Direito da Criança) as causas extintivas da punibilidade, sejam elas de caráter material ou formal, onde se inclui a prescrição, seja da pretensão socioeducativa (deduzida pelo Ministério Público na Representação) seja da pretensão executória da Medida imposta (decorrente da Sentença).

O tema é tratado com acuidade por Marina de Aguiar Michelman,[121] listando argumentos fundamentais.

Do trabalho de Michelman, o primeiro argumento que enumera resulta da aplicação subsidiária da legislação processual aos procedimentos do Estatuto, de acordo com o art. 152. Neste caso, haverá aplicação subsidiária do art. 61 do CPP, que faz menção às causas de extinção da punibilidade. Sendo uma delas a prescrição, a autoridade judiciária poderia constatar a ocorrência de prescrição socioeducativa, extinguindo o processo de conhecimento ou de execução.

A segunda razão apresentada diz respeito à própria natureza jurídica da medida socioeducativa, eis que, tanto quanto a sanção penal, a medida socioeducativa se constitui em um mecanismo de defesa social. Embora e distinga

---

[121] Da Impossibilidade de aplicar ou executar Medida Socioeducativa em virtude da ação do tempo. *Revista Brasileira de Ciências Criminais*, n. 27, São Paulo: RT/IBC-Crim. Julho-Setembro de 1999, p. 212-213.

da pena pela prevalente carga pedagógica, em detrimento do punitivo, faz-se inequívoco seu igualmente caráter retributivo. Assim, por um imperativo garantista, faz-se inaceitável franquear ao exclusivo arbítrio do juiz o poder aplicar ou executar tais medidas independentemente do tempo transcorrido. Se o legislador penal limita a possibilidade de aplicação ou execução da pena pelo escoamento do tempo, não se faz admissível, considerada a dimensão retributiva da medida socioeducativa, que tal garantia não incida na espécie.

Por fim, enfatiza a eminente mestra, referindo texto do Magistrado Guaraci de Campos Vieira,[122] que o próprio estado de pessoa em peculiar condição de desenvolvimento ostentada pelo adolescente recomenda a adoção do instituto da prescrição, quando constatado que diante do transcurso do tempo, o adolescente readaptou-se espontaneamente aos padrões de conduta socialmente aceitáveis, de forma que prescinda de qualquer sancionamento estatal.[123]

Na vanguarda desse posicionamento, situa-se o Tribunal de Justiça do Estado de Santa Catarina, sob inspiração das lições do Desembargador Amaral e Silva.[124]

Assim, se os adolescentes respondem por atos infracionais, submetendo-se às sanções que podem sujeitá-los à privação de liberdade, faz-se evidente que têm direito sub-

---

[122] "Reflexões sobre a impossibilidade de aplicação de medida socioeducativa em decorrência da ação do tempo".

[123] Sobre o tema, faz-se oportuno consultar Weingartner Neto, Jayme. Entre o Estatuto da Criança e do Adolescente e o Código Penal: Por uma negociação de fronteiras, navegando pela prescrição da medida socioeducativa. In *Revista da AJURIS* v. 86, Tomo I, Porto Alegre: AJURIS, 2002, p. 144/168, onde destaca que a imprescritibilidade de sancionamento estatal se constitui em expressa exceção no Texto Constitucional (art. 5º, XLII e XLIV). Pelo que, se conclui, a prescritibilidade deve ser a regra, incidindo em qualquer circunstância, operando-se com a analogia onde não houver preceito expresso.

[124] Há inúmeros acórdãos publicados neste sentido. Destaco, pela primazia, em especial os contidos no CD-Rom Jurisprudência Catarinense 1995/2202, vol. 4. Edição de Dezembro de 2002. Sintetizados na Apelação n. 2004.024396-0, de Joinville, j. 21/09/2004, rel. Des. Antônio Fernando Amaral e Silva.

jetivo à prescrição assim como os imputáveis, estendendo-lhes analogicamente a regra do Código Penal.

Do contrário, seria admitir que a legislação brasileira trata os adolescentes de forma mais desfavorável que os adultos, supondo que o sistema do Estatuto da Criança e do Adolescente seria mais rígido do que o previsto aos penalmente imputáveis, de modo que, se o agente a quem se atribui a prática do ato infracional tivesse mais de dezoito anos, seria ele favorecido pela prescrição, porém, se adolescente, não.[125] Esta lógica contraria frontalmente as disposições da Convenção das Nações Unidas de Direitos da Criança, assim como o expresso no art. 54 das Diretrizes de Riad.[126]

Assim, enquanto não existir expressa disposição legal, seja no Estatuto da Criança e do Adolescente, seja em lei que o complemente (como a urgente e necessária lei de execução de medidas socioeducativas), devem ser operacionalizadas as regras do Código Penal, arts. 109 e 115, operando-se com a medida socioeducativa aplicável e considerando-se o lapso prescricional previsto no Código Penal para a espécie pela metade (por conta de o agente contar com menos de vinte e um anos).

Devem ser verificadas as imposições *in abstrato* levando em conta a sanção estabelecida no Código Penal a partir da *opinio delicti* expressa pelo Ministério Público na Representação. Estabelecida a sanção estatutária, imposta a medida em sentença, opera-se a revisão da questão em face da medida concretizada (*vg*. Máximo de três anos para a Internação, Máximo de seis meses para a PSC – Prestação de Serviços à Comunidade) em cotejo com os prazos do art. 109

---

[125] Este tema é objeto de abordagem mais ampla em outro estudo: *Compêndio de Direito Penal Juvenil*, 3ª ed. Porto Alegre: Livraria do Advogado, 2006.

[126] Art. 54. Com objetivo de impedir que se prossiga à estigmatização, à vitimização e à incriminação dos jovens, deverá ser promulgada uma legislação pela qual seja garantido que *todo o ato que não seja considerado delito, nem seja punido quando cometido por um adulto, também não deverá ser considerado delito, nem ser objeto de punição quando for cometido por um jovem* (grifei).

do Código Penal, devidamente reduzidos à metade, como adiante se constata em face de súmula do Superior Tribunal de Justiça.

A lógica vigente é que, tendo sido importado do sistema penal, enquanto benefício para o adolescente a quem se atribui a prática infracional, o conjunto inteiro do instituto da prescrição, também teriam sido incorporados no sistema de apuração do ato infracional os marcos legais de interrupção do prazo prescricional. Ou seja, teria sido procedida a incorporação analógica de todo o sistema prescricional penal. Assim, o recebimento da Representação interromperia o lapso prescricional etc.

5.3.1.1. O Pronunciamento dos Tribunais Superiores. As Súmulas do Egrégio Superior Tribunal de Justiça.

Tanto o Supremo Tribunal Federal quanto o Superior Tribunal de Justiça consolidaram ao longo desses anos de vigência da Lei 8.069 o entendimento sobre o caráter aflitivo das Medidas Socioeducativas, a par da finalidade pedagógica buscada por esta sanção.

Nessa dimensão, faz-se antológica decisão lançada pelo então Ministro do Supremo Tribunal Federal, Sepúlveda Pertence, em *Habeas Corpus* originário do Estado do Paraná.

No caso em questão, Ministério Público e Defesa convergiam na aplicação ao adolescente da medida socioeducativa de internação, em flagrante ausência de defesa, na medida em que o próprio defensor argumentava ser essa solução um "bem" para o adolescente. Essa circunstância levou o Ministro a referir tratar-se de uma revivência excêntrica de infeliz pronunciamento do Mestre Carnelutti, quando supôs o processo penal como jurisdição voluntária, na medida em que não existiria lide, eis que a pena seria um bem para o condenado...

Do corpo do Acórdão, destaco:

"Em fase venturosamente passageira de sua fascinante obra jurídica, Carnelutti nega a existência da lide penal – salvo no tocante à decisão sobre a ilicitude civil do fato delituoso para fins de reparação, que, no sistema italiano, é objeto do mesmo processo – no âmbito da jurisdição voluntária, não, no da contenciosa."

Referindo a obra do imortal mestre italiano, que nesse particular felizmente se retratou, destaca o eminente Ministro Sepúlveda em seu voto, que, em sua obra traduzida ao espanhol, "Leciones sobre el Proceso Penal" (ESEA, Buenos Aires, 1950, p. 156), Carnelutti chega a referir que no processo penal a finalidade buscada é o bem do acusado, e não o mal e que tampouco existiria conflito de interesse entre o imputado e o Ministério Público, em uma relação similar a que se estabeleceria entre o enfermo e o médico que lhe pretende ministrar a cura.[127]

Se no processo penal tal engodo já se viu superado, percebe-se que em se tratando de responsabilidade juvenil, nos dias que correm, ainda há setores que pretendem reviver aquela tese superada, sob outro rótulo. Exemplar desse entendimento, dessa revivência do equívoco de Carnelutti no plano juvenil, faz-se eloquente manifestação do Promotor de Justiça do Estado de Santa Catarina Marcelo Gomes

---

[127] Defesa e *due process*: aplicação das garantias ao processo por atos infracionais atribuídos a adolescente. 1. Nulidade do processo por ato infracional imputado a adolescentes, no qual o defensor dativo aceita a versão de fato a eles mais desfavorável e pugna por que se aplique aos menores medida de internação, a mais grave admitida pelo Estatuto legal pertinente. 2. As garantias constitucionais da ampla defesa e do devido processo penal – como corretamente disposto no ECA (art. 106-111) – não podem ser subtraídas ao adolescente acusado de ato infracional, de cuja sentença podem decorrer graves restrições a direitos individuais, básicos, incluída a privação da liberdade. 3. A escusa do defensor dativo de que a aplicação da medida sócio-educativa mais grave, que pleiteou, seria um benefício para o adolescente que lhe incumbia defender – além do toque de humor sádico que lhe emprestam as condições reais do internamento do menor infrator no Brasil – é revivescência de excêntrica construção de Carnelutti – a do processo penal como de jurisdição voluntária por ser a pena um bem para o criminoso – da qual o mestre teve tempo para retratar-se e que, de qualquer sorte, à luz da Constituição não passa de uma curiosidade. (STF, RE 285571/PR, Recurso Extraordinário, Relator(a): Min. Sepúlveda Pertence)

Silva insurgindo-se contra o reconhecimento da prescrição das medidas socioeducativas.[128]

Na evolução da jurisprudência do egrégio Superior Tribunal de Justiça, em especial por súmulas editadas ao longo desse período, o caráter aflitivo da medida socioeducativa, a par de sua finalidade pedagógica, vem sendo reconhecido de forma induvidosa, senão vejamos:

Súmula 108, DJ 22.06.1994:
"A aplicação de medidas socioeducativas ao adolescente, pela prática de ato infracional, é da competência exclusiva do Juiz."

É o reconhecimento de que, sendo as medidas socioeducativas sanções, aptas a limitar, ou mesmo a subtrair a liberdade do agente, incumbe somente ao Estado-Juiz sua imposição, mesmo quando possa resultar de uma proposta de ajuste, como na remissão.[129]

Súmula 265, DJ 29.05.2002:
"É necessária a oitiva do menor infrator antes de decretar-se a regressão da medida socioeducativa."

Em se tratando de internação-sanção, por descumprimento reiterado (que o STJ tem afirmado serem três ou mais condutas) e injustificado de medida anteriormente imposta,

---

[128] Marcelo Gomes Silva, em obra prefaciada pelo bom Alexandre Morais Rosa, formulando tese crítica ao Direito Penal Juvenil, sob o argumento central da autonomia do Direito da Criança, na aplicação prática de sua crítica sustenta a fls. 94/95 a não submissão da medida socioeducativa aos prazos prescricionais, em última análise por se constituírem em um bem para o adolescente, revivendo, assim, em outra perspectiva, a superada lição de Carnelutti (Silva, Marcelo Gomes. *Ato Infracional e Garantias*: uma crítica ao Direito Penal Juvenil, Florianópiolis: Editora Conceito, 2008).

[129] REsp – MENORES – REMISSÃO – HOMOLOGAÇÃO JUDICIAL – O Ministério Público pode conceder a remissão com força de exclusão do processo. Urge, porém, homologação judicial, quando implicar aplicação de medida socioeducativa. *Embora não se trate de pena (sentido criminal), é sanção, garantida o contencioso administrativo* – grifei (Const., art. 5º, LV). REsp 28.886-5/SP, rel. Min. Vicente Cernicchiaro. Na mesma linha RESP 26.049/SP, RHC 1641/RS, RESP 24.442/SP. Nessa mesma linha decisão do Supremo Tribunal Federal, em Acórdão da lavra do Ministro Joaquim Barbosa no Recurso Extraordinário nº 248-018-5-SP, j, 06.05.2008.

há que se oportunizar ao adolescente, com ampla defesa, a chance de apresentar sua justificação em juízo, haja vista o inequívoco caráter de maior aflitividade que o Estado pretende lhe impor.[130]

Súmula 338, DJ 16.05.2007:
"A prescrição penal é aplicável nas medidas socioeducativas".

Nesse caso é a afirmação da carga aflitiva das medidas socioeducativas, enquanto ingerência do Estado na liberdade do cidadão-adolescente, reconhecendo a incidência dos prazos prescricionais penais elencados no art. 109 do Código Penal, com o redutor do art. 115 daquele diploma legal. Em sede de pretensão socioeducativa, toma-se como referência a pena cominada ao adulto no tipo penal infringido pelo adolescente. Em sede de pretensão executória da medida, já sentenciada, verifica-se o montante da sanção consubstanciada no *decisum* e verifica-se a ocorrência da prescrição em face do *quantum* da medida concretizada na sentença (*vg*. Seis meses de Prestação de Serviço à Comunidade prescreveriam em um ano).[131]

---

[130] PROCESSUAL PENAL. ATO INFRACIONAL. REGRESSÃO DE MEDIDA SOCIOEDUCATIVA. NECESSIDADE DE OITIVA DO ADOLESCENTE INFRATOR. 1. Faz-se necessária a oitiva do adolescente infrator, antes de ser decretada regressão na medida socioeducativa a que se encontra submetido, sob pena de malferimento ao devido processo legal (art. 110, do Estatuto da Criança e do Adolescente). HC 10.638/SP, rel. Ministro Fernando Gonçalves, na mesma linha RHC 9270/SP, RHC 9315/SP e HC 11.302/SP.

[131] REsp 937.799 – RS DJ 06.12.2007. REsp 972.576 – RS DJ 12.03.2008; REsp 598476/RS, DJ. 07.06.2004 e REsp 602178, DJ 17.05.2004; HC 30028, DJ 09.02.2004; REsp 150016, DJ 04.08.2003; REsp 341591, DJ 24.02.2003, REsp 241.477, j. em 08.06.2000; REsp 171.080 e 160.906, j. 15.04.2002; REsp 226.370, j. 08.04.2002,. Neste sentido também decisões do Tribunal de Justiça do Estado do Rio de Janeiro, atendendo recursos interpostos pela Defensoria Pública daquele Estado: V. G. "Habeas Corpus". Aplicação de medida socioeducativa. Observância do instituto da prescrição, sob pena de sua ineficácia. Fixação do prazo em 1 (um) ano, tomando por parâmetro o artigo 109 c/c o 115, ambos do Código Penal, para que a medida aplicada guarde contemporaneidade com o ato infracional. Extinção da punibilidade que se obrem pela via do "writ". Ainda que silente o Estatuto da Criança e do Adolescente, o decurso do tempo e' de ser considerado na aplicação da medida socioeducativa, que deve guardar contemporaneidade com o ato infracional, sob pena de perder seus efeitos pedagógicos, em face do permanente desenvolvimento

Como dito anteriormente, em tópico anterior sobre o tema da prescrição, a lógica vigente é que, tendo sido importado do sistema penal, enquanto benefício para o adolescente a quem se atribui a prática infracional, o conjunto inteiro do instituto da prescrição, também teriam sido incorporados no sistema de apuração do ato infracional os marcos legais de interrupção do prazo prescricional. Ou seja, teria sido procedida a incorporação analógica de todo o sistema prescricional penal. Assim, o recebimento da Representação interromperia o lapso prescricional etc.

Súmula 342, DJ 29.05.2007:
"No procedimento para aplicação de medida socioeducativa, é nula a desistência de outras provas em face da confissão do adolescente".

A necessidade de o Superior Tribunal de Justiça editar Súmula deste teor, por si só seria suficiente para advertir severamente os operadores jurídicos do Sistema Socioeducativo da grave crise de interpretação que se abateu sobre o Estatuto da Criança e do Adolescente, por conta da minimização do caráter aflitivo das sanções socioeducativas, olvidando-se da natureza retributiva dessas medidas e ignorando o sistema de garantias, com supressão de todos os elementos que compõem o chamado devido processo legal, da ampla defesa e do contraditório. Faz-se evidente que a necessidade da Súmula resulta da enxurrada de recursos, que supõe uma quantidade imensa de decisões ao arrepio da Lei.

---

psicológico do adolescente. Considerados os prazos estabelecidos no artigo 109 do Código Penal, combinado com o artigo 115 daquele mesmo diploma, que reduz de metade tal interregno temporal, impõe-se fixá-lo no mínimo, ou seja, 1 (um) ano. Reconhecida a prescrição da pretensão estatal de aplicação da medida socioeducativa, resulta extinta a punibilidade, declaração que se obtém pela via do "habeas corpus", nos termos dos artigos 647 e 648, inciso VII, do Código de Processo Penal, aplicado com fulcro no artigo 152 do Estatuto da Criança e do Adolescente. Concessão da ordem. (GAS) Ementário: 13/2002 – N. 08 – 15/05/2002. HABEAS CORPUS 2001.059.03512. 11/03/2002. Quinta Câmara Criminal. Rel. Des. Alberto Craveiro. Unânime. J. 08.01.2002.

Por quê? Pode-se exercitar uma série de conjeturas, mas convenço-me de que o núcleo desse descalabro, que remeteu à necessária edição da Súmula, resulta da ignomínia de se supor a sanção como um bem em si mesma, um remédio, como Carnelutti equivocadamente concebeu. Dessa forma, admitida a minimização dos efeitos da sanção, passa-se a admitir a minimização do sistema de garantias. Perdoem-me aqueles, muitos bem-intencionados, mas que, ao combater a ideia de um Direito Penal Juvenil, ao não admitir, por exemplo, a prescrição da medida socioeducativa, por ser um bem, acabam por contribuir para que esta lógica nefasta se instale.

A leitura dos acórdãos do Superior Tribunal de Justiça, que forneceram os precedentes para a edição da Súmula, mostram situações estarrecedoras, inclusive com decreto de internação por ato infracional relativo ao tipo da injúria, resultando em decreto de internação a partir tão somente da confissão, com Ministério Público desistindo de provas e o juízo acatando.[132] Ao pesquisador consistente, cumpre a análise desses acórdãos, cujas situações que os originaram reflete com clareza a crise de interpretação do Estatuto da Criança e do Adolescente a que alude Emílio Garcia Mendez, referida no prefácio deste trabalho.[133]

Sobre o tema infracional, há ainda a **Súmula 492**, de 08.08.2012, tratando do controvertido tema da internação de adolescentes a que se atribua a prática de ato infracional análogo ao tráfico de entorpecente.

"O ato infracional análogo ao tráfico de drogas, por si só, não conduz obrigatoriamente à imposição de medida socioeducativa de internação do adolescente".

Resulta essa Súmula de um conjunto reiterado de decisões do STJ em face, especialmente, de *Habeas Corpus*

---

[132] HC 43.657 – STJ
[133] HC 44275 SP, HC 43657, HC 43087, HC 42382, HC 40342, HC 43392, HC 43644, HC 43099, HC 42747, HC 39829, HC 42384, HC 42496, HC 39548, HC 38551, HC 32324, RHC 15258.

originários dos Estados de São Paulo,[134] Rio de Janeiro[135] e Pernambuco,[136] por iniciativa de suas respectivas Defensorias Públicas, em razão das hipóteses restritivas de privação de liberdade elencadas no art. 122 do Estatuto da Criança e do Adolescente.

A inviabilidade do decreto de privação de liberdade de adolescente a que se atribua a prática de tráfico de entorpecente no caso de este adolescente não apresentar outros envolvimentos.

Ou seja, somente se configurada a reiteração de conduta infracional far-se-á cabível a privação de liberdade, vez que o tráfico de entorpecente não constitui ato infracional cometido mediante violência ou grave ameaça à pessoa.

Eis um tema polêmico do ponto de vista da política criminal, por conta do crescente aliciamento de adolescentes ao crime organizado, hoje se não o maior, um dos maiores exploradores do trabalho infantil no País.

Dos diversos acórdãos que deram origem à Súmula, destaco:

"Em razão do princípio da excepcionalidade, a medida de internação somente é possível nas hipóteses previstas no art. 122 da Lei nº 8.069/90, ou seja, quando o ato infracional for praticado com grave ameaça ou violência contra a pessoa, ressalvadas as hipóteses nas quais outras medidas menos severas forem suficientemente adequadas; quando houver o reiterado cometimento de outras infrações graves; ou ainda, quando haja o descumprimento reiterável e justificável de medida anteriormente imposta. 2. Nos termos da orientação deste Superior Tribunal de Justiça, a internação, medida socioeducativa extrema, somente está autorizada nas hipóteses taxativamente elencadas no art. 122 do Estatuto da Criança e do Adolescente. 3. Na hipótese, o ato

---

[134] HC157364, HC 164819, HC 185474, HC 195460, HC 202970, HC 223113.
[135] HC 180924, HC 213778.
[136] HC 173636, HC 180953, HC 231459, HC 236694.

infracional cometido pelo adolescente – equiparado ao crime de tráfico ilícito de drogas -, embora seja socialmente reprovável, é desprovido de violência ou grave ameaça à pessoa. Não há, portanto, como subsistir, na espécie, a medida excepcional imposta, porquanto a conduta perpetrada pelo paciente e suas condições pessoais não se amoldam às hipóteses do art. 122 do ECA." (HC 236694 PE, Rel. Ministro OG FERNANDES, Sexta Turma, julgado em 03/05/2012, DJe 16/05/2012).

Sobre o tema, *vg*. Habeas Corpus n° 340.108 – SP (2015/0275473-0), da lavra do Min. Felix Fischer, julgado em 10.12.2015.

Já em 23 de outubro de 2013, o Superior Tribunal de Justiça consolidou a **Súmula 500**, que reconhece o tipo penal de corrupção de menores como crime formal.

Assim a Terceira Seção do Superior Tribunal de Justiça (STJ) aprovou a Súmula 500, que trata do crime de corrupção de menores. Com a decisão, os ministros consolidaram o entendimento de que, para a caracterização do delito, é suficiente a comprovação da participação do inimputável em prática criminosa, na companhia de maior de 18 anos.

O projeto de súmula foi encaminhado pela ministra Laurita Vaz, e a redação final do enunciado ficou assim definida:

"A configuração do crime previsto no artigo 244-B do Estatuto da Criança e do Adolescente independe da prova da efetiva corrupção do menor, por se tratar de delito formal."

Precedentes da Quinta e da Sexta Turmas do STJ estabelecem ainda que a caracterização do crime independe de o adolescente ser primário ou já ter cumprido medida socioeducativa.

Essa conclusão foi destacada em um dos precedentes da súmula, o Habeas Corpus (HC) 150.849, relatado pelo ministro Sebastião Reis Júnior. "A simples participação do menor no ato delitivo é suficiente para a sua consumação, sendo irrelevante seu grau prévio de corrupção, já que cada nova prática criminosa na qual é inserido contribui para aumentar sua degradação", concluiu o ministro.

Em outro precedente, o Recurso Especial 1.127.954, relatado pelo ministro Marco Aurélio Bellizze, destacou-se que, "ainda que o adolescente possua outros antecedentes infracionais, resta configurado o crime ora em análise, porquanto o bem jurídico tutelado pela norma visa, sobretudo, a impedir que o maior imputável induza ou facilite a inserção ou a manutenção do menor na esfera criminal".

5.3.1.2. O Pronunciamento dos Tribunais Superiores e as fragilidades conceituais do Estatuto da Criança e do Adolescente. As questões do Garantismo e a natureza jurídica da medida socioeducativas. Questões pendentes como a remissão e a reiteração da conduta infratora.

O duplo grau de jurisdição e até mesmo o recurso às cortes superiores têm afirmado avanços jurisprudenciais importantes na área da justiça penal de adolescentes.

Cumpre destacar aqui o Enunciado 23 do Fórum Nacional dos Juízes da Infância e Juventude, FONAJUV, em face da Lei 12.0101:

"O recurso de apelação de sentença com aplicação de medida socioeducativa, a teor do disposto no art. 198 do Estatuto, será recebido no duplo efeito. Excepcionalmente tendo o representado respondido ao processo internado provisoriamente, o juiz poderá, fundamentadamente, receber o apelo apenas no efeito devolutivo".

A incorporação de conceitos de um Direito Penal Juvenil, ou um Direito Penal de Adolescentes, no âmbito jurisprudencial, tem padecido de dificuldades ante as impropriedades conceituais do próprio Estatuto da Criança e do Adolescente.

Como afirmado anteriormente, tendo a Lei 8.069 resultado de um grande consenso, aquela que se constitui na versão brasileira da Convenção das Nações Unidas de Direitos da Criança vem carregada de concessões à Doutrina Tutelar. Apesar dos avanços conquistados em leis complementares, como a 12.010/2009 e a 12.594/2012, ficaram as brechas, que vulneram o arcabouço garantista que se busca consolidar na responsabilização do adolescente autor de conduta infracional.

Uma série de temas carecem de uma explicitação normativa de maneira a escapar do amplo arco de arbítrio e discricionariedade da autoridade judiciária.

Haveria diversos temas a desenvolver, cujos limites da proposta deste trabalho excedem.

Mas, vejam-se, por exemplo, as questões relativas ao manejo do instituto da Remissão, que muitos, dada a ambiguidade da Lei, não perceberam tratar-se de uma "transação penal", ignorando sua origem nas Regras de Beijing.

Esta origem está no art. 11 das Regras Mínimas das Nações Unidas para Administração da Justiça para Crianças e Adolescentes, conhecidas como Regras de Beijing.

A Remissão não se constitui em perdão. Até poderá resultar em um "perdão", quando suficientes os mecanismos de controle social para superação da questão infracional; mas, riqueza da língua portuguesa, quando concertada medida de forma cumulativa com a remissão (art. 127), significa um *remeter* para um procedimento diverso: supressão do processo de conhecimento com instauração de um processo de execução, quando composta medida socioeducativa, ou a suspensão do processo de conhecimento, até que cumpra a medida aplicada, se já instaurado aquele (art. 188).[137]

---

[137] Interessante verificar as diversas repercussões no âmbito jurisprudencial. Como *vg*.: ESTATUTO DA CRIANÇA E DO ADOLESCENTE. *HABEAS CORPUS* IMPETRADO EM SUBSTITUIÇÃO A RECURSO PRÓPRIO. ATO INFRACIONAL EQUIPARADO AO CRIME DE TRÁFICO DE DROGAS. INTERNAÇÃO PROVISÓRIA DECRETADA. GRAVIDADE ABSTRATA DO DELITO. REITERAÇÃO NÃO CONFIGURADA. IMPERIOSIDADE DA MEDIDA NÃO DEMONSTRA-

Ainda assim os Tribunais padecem de uma orientação uníssona. Por evidente, o instituto da remissão somente terá natureza de perdão quando aplicado isoladamente. Configura-se como tal, na chamada remissão própria ou simples.

Consequentemente, é possível constatar que a Remissão sempre estará associada à ideia de remeter para um procedimento diverso, quando cumulada com aplicação de medida, em caráter supressivo ou suspensivo do processo. Ainda, que viola garantias constitucionais a disposição contida no art. 127 do Estatuto, ao autorizar a remissão com aplicação de medida sem o reconhecimento ou a comprovação da responsabilidade (entendendo-se aqui como admissão da autoria), por submeter o adolescente à constrição penal sem a caracterização da responsabilidade correspondente). Igualmente viola garantia constitucional o expresso no art. 144, ao permitir a imposição de advertência sem prova da autoria ou da materialidade (afinal do que seria advertido?).

Cumpre realçar que descumprida a medida composta em sede de remissão, se houver sido esta suspensiva do

---

DA. CONSTRANGIMENTO ILEGAL. *HABEAS CORPUS* NÃO CONHECIDO. ORDEM CONCEDIDA DE OFÍCIO. 1. Esta Corte e o Supremo Tribunal Federal pacificaram orientação no sentido de que não cabe habeas corpus substitutivo do recurso legalmente previsto para a hipótese, impondo-se o não conhecimento da impetração, salvo quando constatada a existência de flagrante ilegalidade no ato judicial impugnado. 2. "O ato infracional análogo ao tráfico de drogas, por si só, não conduz obrigatoriamente à imposição de medida socioeducativa de internação do adolescente" (Súmula 492/STJ). 3. De acordo com o art. 126 da Lei n. 8.069/1990, antes de iniciado o procedimento judicial para apuração de ato infracional, o representante do Ministério Público poderá conceder a remissão, como forma de exclusão do processo. Com o art. 127, a remissão "não prevalece para efeito de antecedentes". Consequentemente, os atos em relação aos quais houve remissão não caracterizam "reiteração no cometimento de outras infrações graves" (ECA, art. 122, II). 4. A gravidade abstrata da infração, a mera probabilidade de reiteração infracional, assim como a suposta necessidade de garantir a segurança do adolescente, sem fundamento concreto, não servem para embasar a decretação da internação provisória, medida de natureza Jurisprudência/STJ – Acórdãos Página 1 de 2 excepcional que só pode ser adotada, quando presentes os requisitos legais previstos nos arts. 108 e 122 do Estatuto da Criança e do Adolescente, não configurados na espécie... HC 331888/SP. HABEAS CORPUS 2015/0187839-5, rel. Min. Ribeiro Dantas, j. 27.10.2015, Quinta Turma STJ

processo, passível a retomada deste até imposição de sanção. Se a opção houver sido pela remissão supressiva do processo não haverá possibilidade de esta vir a ser revertida em privação de liberdade.

Assim, em se tratando de remissão composta pelo Ministério Público na fase pré-processual, admitida a autoria pelo adolescente, assistido por defensor, e pretendendo o Agente do *Parquet* atribuir caráter de coercitibilidade à medida composta, haverá de ofertar a Representação e juntamente oferecer a proposta de remissão.

A menos que a homologação da remissão fique submetida ao cumprimento da medida socioeducativa composta, para após o cumprimento ser homologada e então declarada extinta. Do contrário, recebida a Representação, concedida a remissão, naquelas condições, o processo ficará suspenso.

Há que se destacar aqui que o Fórum Nacional dos Juízes da Infância e Juventude – FONAJUV –, tem editado enunciados de orientação. Nestes enunciados, naquele de nº 20, diz:

"A internação-sanção só poderá ser imposta em caso de medida socioeducativa aplicada por sentença de mérito, observado o devido processo legal, não se admitindo a internação-sanção em medida socioeducativa imposta em sede de remissão".

Cabe aqui realçar que, *a contrario sensu*, por não prever a hipótese, cabível afirmar que desde a Lei 12.594/12 se faz inadmissível a cumulação de MSE diversa da advertência em sede de Remissão Pré-Processual, no âmbito do Ministério Público. Isso porque o art. 39 – procedimentos – quando alude ao PIA – Plano Individual de Atendimento –, faz referência unicamente à Remissão Suspensiva (a lei não refere a execução de MSE originada em outra Remissão que não a suspensiva).

A remissão suspensiva, na exegese mais comum do Estatuto da Criança do Adolescente, é aquela judicializada, após o oferecimento da Representação. Fica assim reforçado o argumento acima exposto de que o MP, em caso de pretender oportunizar Remissão com MSE, deverá oferecer a representação e nesta formalizar a oferta de remissão. Qualquer outra interpretação será ao arrepio da melhor exegese, em consonância com as regras do sistema, levando-se em conta que o adolescente não poderá ser tratado de forma mais desfavorável que o adulto nas mesmas circunstâncias.

Cumprida a medida concertada, imposta pelo Juiz, restará extinto o processo de execução que se formará e por consequência extinto o processo de conhecimento que restou suspenso. Descumprida a medida socioeducativa, a requerimento do Ministério Público ou da entidade executora da medida socioeducativa de meio-aberto, após prévia escuta do adolescente, poderá o processo de conhecimento ser retomado até sentença.

Cabível aqui ainda agregar outro enunciado do FONAJUV, de nº 25, em face da regressão em internação-sanção, por descumprimento de medida anteriormente imposta: "Cumprido o prazo máximo de internação-sanção, as medidas socioeducativas de meio aberto serão declaradas extintas".

A imposição de internação sanção (art. 122, III, do Estatuto), apta a implicar em regressão da medida de meio--aberto para outra privativa de liberdade, supõe que tenha havido na aplicação da medida descumprida o devido processo, com ampla dilação probatória.

Por fim, Medida Socioeducativa originária em remissão não poderá ensejar privação de liberdade.

Todas as questões que reclamam uma consolidação interpretativa em nossos Tribunais.

Outro tema gravíssimo diz com a conceituação de "delito grave" ou "reiteração" a que alude o art. 122 do Estatuto.

O entendimento do STJ tem oscilado, diante da indeterminação da Lei que enseja a discricionariedade do Juízo. Há decisões que afirmam que para se configurar a "reiteração na prática de atos infracionais graves" (art. 122, II) – uma das taxativas hipóteses de aplicação da medida socioeducativa de internação –, não se exige a prática de, no mínimo, três infrações dessa natureza", como aquela Corte praticamente havia consolidado ainda nos anos 90.[138]

Em decisão de 18.2.2014, o eminente Min. Marco Aurélio Belizze afirma:

"Com efeito, de acordo com a jurisprudência do STF, não existe fundamento legal para essa exigência. O aplicador da lei deve analisar e levar em consideração as peculiaridades de cada caso concreto para uma melhor aplicação do direito. O magistrado deve apreciar as condições específicas do adolescente – meio social onde vive, grau de escolaridade, família – dentre outros elementos que permitam uma maior análise subjetiva do menor. Precedente citado do STJ: HC 231.170-SP, Quinta Turma, DJe 19/4/2013. Precedente citado do STF: HC 84.218-SP, Primeira Turma, DJe 18/4/2008. HC 280.478-SP.

Nessa mesma linha, apenas para ilustrar, o HC 299786 SP, de 03.11.2014.[139]

---

[138] "(...) somente ocorre reiteração de conduta infracional quando, no mínimo, são praticadas três ou mais condutas" (STJ, HC 27273/RJ, 5ª Turma. Relator: Ministra LAURITA VAZ. Data da decisão: 10/06/2003. DJ 04/08/2003, p. 347). Nessa linha jurisprudencial há reiterados arestos da Corte.

[139] HC299786 SP 2014/0181195-9, de 03.11.2014. *HABEAS CORPUS* SUBSTITUTO DE RECURSO. NÃO CABIMENTO. ECA. **ATO** INFRACIONAL EQUIPARADO AO DELITO DE TRÁFICO ILÍCITO DE ENTORPECENTES. MEDIDA SOCIOEDUCATIVA DE INTERNAÇÃO IMPOSTA EM RAZÃO DAS PECULIARIDADES DO CASO CONCRETO. REITERAÇÃO DE ATOS INFRACIONAIS E RELATÓRIO POLIDIMENSIONAL INDICANDO A NECESSIDADE DE ATENDIMENTO SISTEMÁTICO. FUNDAMENTAÇÃO IDÔNEA. ART. 122, INCISO II DO ECA.

Guilherme de Souza Nucci traz notável contribuição ao estudo do Direito da Criança em seu Estatuto da Criança e Adolescente Comentado e aborda o tema, analisando jurisprudência do STF, nas páginas. 423 a 427.[140]

De qualquer sorte, entre tantos temas controversos, por ausência de explicitude normativa, não há marco jurisprudencial mais definitivo do que aquele firmado pelo notável Ministro Sepúlveda Pertence, enfrentando a natureza retributiva da medida socioeducativa e a necessidade de uma defesa técnica consistente, invocando a tese esdrúxula de Carneluti sobre o Processo Penal enquanto procedimento de "jurisdição voluntária", uma revivência exótica que ainda persiste em muitos julgados na área da Infância e Juventude, com mitigação do caráter aflitivo da sanção estatutária:

AUSÊNCIA DE PREVISÃO DE UM NÚMERO MÍNIMO DEATOS INFRACIONAIS GRAVES ANTERIORES PARA A CARACTERIZAÇÃO DA REITERAÇÃO. PRECEDENTES DESTE STJ E DO STF. *HABEAS CORPUS* NÃO CONHECIDO. O Superior Tribunal de Justiça, seguindo o entendimento firmado pela Primeira Turma do Supremo Tribunal Federal, não admite a impetração de habeas corpus em substituição ao recurso próprio previsto no ordenamento jurídico. Contudo, nos casos de flagrante ilegalidade, a ordem poderá ser concedida de ofício. Esta Quinta Turma, na esteira da jurisprudência do Pretório Excelso, firmou o entendimento de que o Estatuto da Criança e do Adolescente não estipulou um número mínimo de **atos infracionais** graves para justificar a internação do menor infrator com fulcro no art. 122, inciso II do ECA (**reiteração** no cometimento de outras infrações graves). Consoante a nova orientação, cabe ao magistrado analisar as peculiaridades de cada caso e as condições específicas do adolescente a fim de melhor aplicar o direito. Precedentes desta Corte: HC 277.068/SP, Relator Ministro MARCO AURÉLIO BELLIZZE, DJe de 02/05/2014; HC 277.601/MG, Relatora Ministra LAURITA VAZ, DJe de 07/03/2014; HC 288.015/SP, Relatora Ministra REGINA HELENA COSTA, DJe de 08/08/2014; HC 282.853/PE, Relator Ministro JORGE MUSSI, DJe de 07/08/2014; HC 287.351/SP, Relatora a Ministra LAURITA VAZ, DJe de 26/05/2014. Precedentes do Pretório Excelso: HC 94.447/SP, Relator Ministro LUIZ FUX, DJe 06/05/2011; HC 84.218/SP, Relator Ministro JOAQUIM BARBOSA, DJe de 18/04/08). *In casu*, a medida constritiva foi imposta em razão das peculiaridades do caso concreto – *reiteração de atos infracionais* e relatório polidimensional indicando a necessidade de atendimento sistemático –, aptas a permitir a aplicação da medida extrema. Como se vê, o magistrado atento às condições pessoais e sociais do menor bem fundamentou a necessidade de aplicação da medida mais rigorosa. Habeas corpus não conhecido.... Encontrado em: – NÚMERO DE REITERAÇÕES – AUSÊNCIA DE PREVISÃO LEGAL STJ – HC 277068-SP STJ – HC 277601-MG STJ – HC

[140] Nucci, Guilherme de Souza. *Comentários ao Estatuto da Criança e do Adolescente*. Rio de Janeiro:Forense, 2014.

"Defesa e *due process*: aplicação das garantias ao processo por atos infracionais atribuídos a adolescente. 1. Nulidade do processo por ato infracional imputado a adolescentes, no qual o defensor dativo aceita a versão de fato a eles mais desfavorável e pugna por que se aplique aos menores medida de internação, a mais grave admitida pelo Estatuto legal pertinente. 2. As garantias constitucionais da ampla defesa e do devido processo penal – como corretamente disposto no ECA (arts. 106 – 111) – não podem ser subtraídas ao adolescente acusado de ato infracional, de cuja sentença podem decorrer graves restrições a direitos individuais, básicos, incluída a privação da liberdade. 3. A escusa do defensor dativo de que a aplicação da medida socioeducativa mais grave, que pleiteou, seria um benefício para o adolescente que lhe incumbia defender – além do toque de humor sádico que lhe emprestam as condições reais do internamento do menor infrator no Brasil – é revivescência de excêntrica construção de Carnellutti – a do processo penal como de jurisdição voluntária por ser a pena um bem para o criminoso – da qual o mestre teve tempo para retratar-se e que, de qualquer sorte, à luz da Constituição não passa de uma curiosidade". (STF, RE 285571/PR, Recurso Extraordinário, Relator(a): Min. Sepúlveda Pertence).

Enfim, apesar da lição expressa neste acórdão, ainda não está afirmada definitivamente a questão de um modelo de responsabilidade penal para adolescente no Estatuto. Ao menos no plano interpretativo. Demais, há graves lacunas legislativas que reclamam ser enfrentadas de modo a superar a crise de confiança – normativa e cognitiva – que se abateu sobre o Sistema de Responsabilidade de Adolescente, alimentando os reiterados esforços daqueles que pugnam pela redução da idade penal, promovendo o retrocesso.

A toda evidência há necessidade de aprimoramento do aparato legal, visando à garantia de direitos e à afirmação da condição do adolescente enquanto pessoa em peculiar condição de desenvolvimento, observados os avanços do Direito no plano do garantismo e as exigências de efetividade dos mecanismos de defesa social. Não têm sido suficientes os termos das Leis 12.010 e 12.594, complementares ao Estatuto, de maneira a superar as insuficiências normativas do sistema, cuja última resulta em uma grave crise de confiança que se abateu sobre ele.

5.4. Não há cidadania sem responsabilidade e não pode haver responsabilização sem o devido processo e o rigor garantista: O Direito Penal Juvenil.

A inimputabilidade penal do adolescente, cláusula pétrea instituída no art. 228 da Constituição Federal, aspecto já destacado neste estudo, significa fundamentalmente a insubmissão do adolescente por seus atos às penalizações previstas na legislação penal, o que não o isenta de responsabilização e sancionamento.[141]

Afinal, pena e sanção são conceitos que se tocam, embora não se confundam. Aliás, as sanções administrativas, advertências, suspensão etc. são espécies de penalização de uma legislação especial, a administrativa. As sanções tributárias, multas etc. são espécies de penalização de outro ramo de legislação especial, e assim por diante.[142]

O Estatuto da Criança e do Adolescente introduziu no Brasil um Direito Penal para Adolescentes, ou Juvenil.[143]

---

[141] Sobre o tema: Liberati, Wilson Donizeti. *Adolescente e Ato Infracional*. São Paulo: Juarez Oliveira, 2002, Sposato, Karyna Batista. *O Direito Penal Juvenil*. São Paulo: RT, 2006, e Shecaira, Sérgio Salomão. *Sistema de Garantias e o Direito Penal Juvenil*. São Paulo: RT, 2008.

[142] Sobre o tema Amaral e Silva, Antônio Fernando. Op. cit.

[143] Karyna Sposato, em "O direito Penal Juvenil", disserta com brilho sobre o tema. Do prefácio da obra, de Sérgio Salomão Shecaira, se extrai: "... muito se escreveu narrando o que foi o ECA. No entanto, pouco se disse sobre as vicissitudes e sobre as consequências que advêm de errôneas interpretações da parte sancionatória do Estatuto por grande parte da doutrina brasileira. Quando houvesse um trabalho dessa natureza, surgiria uma verdadeira terra nova. Seria um desbravamento tran-

Assim o é definido em todos os países da América Latina onde houve a recepção em seus sistemas legislativos da doutrina da proteção integral, cujo *modus operandi* é idêntico ao adotado no Brasil.[144]

Há diversos trabalhos de excelência no País sobre o tema, com destaque aquele desenvolvido por Karyna Baptista Sposato, demonstrando de forma consistente os fundamentos deste Direito Penal para Adolescente, previsto no Estatuto, e de indispensável compreensão para superação da crise de confiança que compromete sua efetividade.[145]

soceânico (...) Foi assim como o 'achamento' (na dicção da primeira missiva) a *terra basilis* (...). Crimes e penas são trocados por atos infracionais e medidas socioeducativas. Na essência, fazem parte de um único sistema de controle social, com contato entre si, como se fossem vasos comunicantes".

[144] Na Europa, são exemplos a serem observados, os modelos adotados por Alemanha e Espanha. Na América Latina, veja-se, por exemplo, a legislação da Costa Rica, cujo sistema de tratamento ao adolescente em conflito com a Lei é praticamente idêntico ao adotado no Brasil, com praticamente as mesmas medidas socioeducativas previstas como sancionamento às condutas infracionais, como pode ser visto em Armijo, Gilbert. *Manual de Derecho Procesal Penal Juvenil*. San José – Costa Rica: IJSA, 1998. O governo argentino formalizou no Congresso daquele país seu Plano Estratégico de Segurança. No bojo, traz a incorporação pela legislação argentina dos primados da Convenção das Nações Unidas de Direito da Criança, abandonando o vetusto primado da incapacidade em relação a crianças e adolescentes, incorporando o princípio da peculiar condição de desenvolvimento. A legislação argentina sobre "menores" remonta a 1919 (!). Abandonam os vizinhos o critério biopsicológico, que permitia responsabilizar como adulto jovens a partir de 16 anos, passando a estabelecer a idade penal (adulta) em dezoito anos. A nova lei argentina, estabelece um modelo de responsabilidade penal juvenil para adolescentes a partir de 14 anos. Entre 14 e 15 anos sujeitando-os a uma medida socioeducativa privativa de liberdade, por delitos graves, até cinco anos; e para adolescentes entre 16 e 17, até nove anos. No quadro argentino algumas vozes, movidas pelo Direito Penal Máximo, acusam a proposta de "branda, permissiva e cúmplice da delinquência", como por aqui falam os detratores do ECA. De outro lado, menoristas e abolicionistas, considerando o texto de "uma dureza e repressividade inadmissível" – também como aqui o dizem aqueles que não admitem a revisão do Estatuto da Criança e do Adolescente – Lei 8.069/90, em face o necessário aperfeiçoamento que a lei brasileira reclama, em especial no que respeita às garantias processuais e execução das medidas que sanciona. O que fazem os argentinos em 2004, fizemos nós brasileiros em 1990. A diferença é que o Brasil optou em afirmar a responsabilidade juvenil a partir dos doze anos, fazendo tábula rasa até os dezoito anos, sujeitando-os todos, sem distinção, a uma medida máxima privativa de liberdade por até três anos nos delitos graves.

[145] *Direito Penal de Adolescentes*: Elementos para uma teoria garantista. São Paulo: Saraiva, 2013.

Este Direito Penal para Adolescentes, ou Direito Penal Juvenil, resulta dos termos da própria Convenção das Nações Unidas de Direitos da Criança, cuja no âmbito normativo interno o Estatuto da Criança e do Adolescente faz-se a versão brasileira.

As Garantias processuais elencadas na Convenção das Nações Unidas de Direitos da Criança (arts. 37 e 40 da CDC), estão reafirmadas no texto do Estatuto da Criança e do Adolescente, tratando da Prática do Ato Infracional: Art. 103, consagrando o Princípio da Legalidade; (arts. 104 e 228 da CF) a Inimputabilidade, enquanto insubmissão ao regime de responsabilidade penal dos adultos; os Direitos Individuais listados nos arts. 106 a 109: as Garantias Processuais nos arts. 110 e 111, e os Critérios de determinação de sanções nos arts. 112, § 1º, 122 e 100 do Estatuto, subsidiados, em especial, pelo art. 35 da Lei 12.594 que enumera os princípios norteadores das medidas socioeducativas.

O que se extrai disso é que a Medida Socioeducativa se constitui em uma intervenção estatal na esfera da autonomia do indivíduo, uma Imposição sem consentimento do afetado.

Assim, pelo princípio da excepcionalidade, constitucionalmente assegurado (art. 228, da CF), a medida socioeducativa, em particular aquela privativa de liberdade, se constitui em um Mal. Um Mal necessário em casos extremos (princípio de necessidade), imposto ao adolescente, por conta do ato infracional praticado (art.103) no interesse da sociedade, não para o sancionado. Um mal cujo efeito negativo pode mitigar-se em parte ou incluso, às vezes pode reverter-se a favor do sancionado (princípio educativo, finalidade pedagógica da medida buscada através do programa de execução),

Mas sempre um mal, enquanto supressão ou limitação da liberdade individual.

Relativamente ao Direito Comparado, em matéria de Direito Penal Juvenil, faz-se notável a contribuição de Sergio Salomão Shecaira ao estudo do tema no Brasil, introduzindo a discussão definitivamente no mundo do Direito Penal, enquanto sistema de garantias.[146] A obra de Shecaira, referindo doutrina de Carlos Vazquez Gonzáles, oportuniza uma visão tanto da realidade latino-americana, quanto, especialmente, a europeia.

Shecaira conclui que "as normas que regulam a responsabilidade penal dos menores pertencem ao Direito Penal por contemplarem situações nas quais se impõem sanções aos autores da infração". Arrematando: "A medida socioeducativa é, tal qual a pena, um ato de intervenção estatal na esfera de autonomia do indivíduo que tem evidente natureza de sanção".[147]

Neste âmbito, como visto neste trabalho, reconhece-se como sujeito de direito ao sancionado, com incidência do Princípio da autonomia progressiva (art. 12 da Convenção das Nações Unidas de Direitos da Criança) submetendo-o a uma responsabilização por sua conduta (princípio da legalidade) em um modelo de Direito Penal de Adolescente.

O mal imposto permanece sujeito a limites e garantias, afirmados desde a Constituição Federal, no próprio Estatuto da Criança e do Adolescente, ou mesmo na Lei 12.594: legalidade; jurisdicionalidade; intervenção mínima; culpabilidade (enquanto juízo de reprovabilidade da conduta[148]), proporcionalidade, etc.

A resposta estatal, embora negativa para o sancionado, deve moldurar-se de uma forma quantitativa e qualitativa distinta da dos adultos (direito a um trato penal

---

[146] Shecaira, Sérgio Salomão. *Sistema de Garantias e o Direito Penal Juvenil*. São Paulo: RT, 2008.

[147] Op. cit. p. 221 e 222.

[148] Art. 2º da lei 12.594, enquanto objetivo da medida socioeducativa: "a desaprovação da conduta infracional, efetivando as disposições da sentença como parâmetro máximo de privação de liberdade ou restrição de direitos, observados os limites previstos em lei:".

distinto), corolário do afirmado na Normativa Internacional, como art. 3.1. das Regras de Beijing e art. 43 da Diretrizes de Riad.

A afirmativa de um Direito Penal de Adolescente, tal e qual preconize a Convenção dos Direitos da Criança, e o Estatuto da Criança e do Adolescente incorpora, supõe que, quantitativamente, estas sanções devem ser menos severas, e, qualitativamente, o sistema de resposta deve prestar atenção à necessidade de desenvolvimento e os direitos humanos especiais do adolescente. Exatamente como propõe a Lei 12.594, em especial em seu art. 2º, quando explicita os objetivos da sanção socioeducativa, e o art. 112, § 1º, do Estatuto, que trata dos critérios para aplicabilidade da MSE.

Nessa dimensão não se pode olvidar o Objetivo Político-Criminal de um Sistema Penal de adolescentes na Convenção dos Direitos da Criança de modo a instrumentalizar o Estado para reagir frente aos graves conflitos surgidos pela prática de delitos por adolescentes (prevenção, sanção e proteção de interesse da vítima). A necessidade de impor limites assegurando a intervenção punitiva sobre os adolescentes, corolário do art. 17 da Regras de Beijing – princípio da proporcionalidade (art.100 do Estatuto e 35 da Lei 12.594).

Estabelece o sistema, nessa operacionalidade, limites gerais: legalidade de delitos, penas e jurisdicionalidade, Intervenção mínima[149] (lesividade, necessidade, proporcionalidade e fragmetalidade, culpabilidade; e *limites especiais*: princípio da especialidade. Ou seja, uma Justiça Juvenil Especializada.

---

[149] Refratário a um conceito de Justiça Penal Juvenil, Mário Luiz Ramidoff, comentando a "Lei do SINASE" reconhece que "a ideia de 'mínima intervenção', insofismavelmente, remonta à dogmática jurídico-penal que, dentre os princípios fundamentais estabelecidos para aplicação/interpretação do direito penal, elenca o da intervenção mínima, de acordo com o qual a intervenção estatal repressivo--punitiva deveria ser concebida como *ultima ratio*" (Batista, 1990, p. 85), em SINASE – Sistema Nacional Socioeducativo: Comentários à Lei n. 12.594, de 18 de janeiro de 2012. São Paulo: Saraiva, 2012, p. 82/83.

Dessa forma oferece uma resposta qualitativa diferente (dignidade, respeito a direitos de terceiros, intervenção social, saídas alternativas ao juiz e a sanção), como previsto no art. 40 Convenção e expresso no Estatuto da Criança e do Adolescente e no regramento estabelecido pela Lei 12.594.

Esta resposta qualitativa menos impactante, medida socioeducativa, poderá ensejar a privação de liberdade (art. 2 e toda a Convenção)

Neste particular, como ensina Jaime Couso,[150] na medida em que o Sistema se capacita para reagir frente aos delitos de adolescentes, traz fundamental contribuição para o sistema penal de segurança do cidadão em geral, na medida em que há uma necessidade de uma resposta pública para restabelecer a confiança no direito, despedaçado pelo delito:

a) Confiança cognitiva (em que as proibições penais serão respeitadas – prevenção primária e secundária);

b) Confiança normativa (no momento em que não se respeitar a autoridade reagirá frente ao infrator) – efetividade do sistema;

Assim, quando se afirmar este Direito Penal de Adolescente ou Direito Penal Juvenil, expresso no Estatuto da Criança e do Adolescente se busca fundamentalmente o restabelecimento desta confiança.

Daí a necessidade de uma penalização, um sancionamento, uma resposta de natureza retributiva (para confiança normativa) se reduz, e às vezes até desaparece, nos casos:

---

[150] Couso, Jaime. PRINCÍPIO EDUCATIVO E (RE)SOCIALIZAÇÃO NO DIREITO PENAL JUVENIL, *palestra proferida pelo autor em 30 de março de 2006 em Oaxaca, México, no "Foro Justiça em Matéria de Menores Infratores", organizado pelo Conselho de Tutela do Estado de Oaxaca e auspiciado pela União Europeia e pelo Instituto Nacional de Ciências Penais (Inacipe) do México.*

a) Quando há uma resposta confiável e prestigiosa para restabelecer a confiança cognitiva (disposição do povo de que não se castigue, mas "sim os reabilitem");

b) Quando a vítima concreta está satisfeita de outra forma e não reclama de seu papel de vítima, dando ensejo a um modelo de Justiça Juvenil Restaurativa, enquanto uma alternativa a um sistema de responsabilidade penal de adolescente.[151]

5.4.1. A necessidade de aprimoramento do Estatuto da Criança e do Adolescente. A ideia de uma responsabilização progressiva.

O Estatuto da Criança e do Adolescente carece de ser aperfeiçoado, não bastando os avanços alcançados pela Lei 12.594, que inicialmente pensada como uma Lei de Execução das Medidas, acaba por se configurar muito mais em uma Lei de Gestão do Sistema.

A lacuna legislativa que subsiste tem resultado o avanço da discricionariedade e do arbítrio na execução das medidas socioeducativas.

Há que se ter em mente que o arbítrio deve ser combatido pelo garantismo. Que a existência da norma traz segurança e afirma o direito. A ausência de norma tende a produzir a discricionariedade, o subjetivismo, e daí para o autoritarismo é um passo. Como diz Emílio Garcia Mendez, citando Luigi Ferraioli: "a ausência de regras nunca é tal; a ausência de regras sempre é a regra do mais forte".

A discricionariedade e o subjetivismo são sempre um mal. Não existem discricionariedades e subjetivismos bons,

---

[151] A consolidação de um modelo de Justiça Juvenil Restaurativa, com apoio do Conselho Nacional e Justiça e da Associação de Magistrados Brasileiros, tem no trabalho de Leoberto Narciso Brancher e Armando Afonso Konzen uma ação fundamental no País. Juntamente com a experiência desenvolvida em Porto Alegre, tendo a frente a Juíza Vera Lúcia Deboni, a ideia de uma Justiça Juvenil Restaurativa se afirma como corolário de um modelo de Justiça Penal para Adolescente, em alternativa a este.

cabendo aqui retornar a Bobbio, no prefácio que lança a obra de Ferraioli, onde este fundamenta o garantismo penal:

"A legalidade se opõe ao arbítrio (...). Por sua vez, a tese do direito penal mínimo abre sua frente principal contra as teorias do direito penal máximo (que culminam na defesa da pena de morte), mas não pode passar por alto das doutrinas abolicionistas ou substutivistas, segundo as quais a pena, pelo contrário, estaria destinada a desaparecer. Às vezes, os extremos se tocam: a liberdade regrada deve se opor tanto à antiliberal, quer dizer, a qualquer forma de abuso do direito de punir, quanto à carência de regras, ou seja, à liberdade selvagem. O princípio da legalidade é contrário ao arbítrio, mas também ao legalismo obtuso, mecânico, que não reconhece a exigência da eqüidade, a qual, com expressão tomada da lógica dos conceitos, Ferraioli chama de poder de "conotação", e a presença dos espaços nos quais habitualmente se exerce o poder do juiz".[152]

No caso dos adolescentes autores de delitos, a responsabilização se dá a partir dos doze anos, o que empresta um caráter quase draconiano à nossa Lei, em cotejo com os demais países em cuja maioria a idade de responsabilização se dá aos quatorze.

É certo que o sistema socioeducativo, relativo às sanções a que se sujeitam esses adolescentes, carece de efetividade. Programas de Meio Aberto ainda são poucos e muitos ineficientes, a reclamar urgentes providências. Isso passa pela necessária compreensão do que são essas sanções, no que se distinguem das penas aplicáveis aos maiores de dezoito anos e quais suas convergências. Também é preciso superar, nessa mudança cultural, o paradigma da ambiguidade, do que o velho sistema era pródigo.

---

[152] Bobbio, Norberto. Op. cit., p. 8.

No que respeita às medidas socioeducativas, enquanto penalidades, com finalidade pedagógica, como destaca Konzen;[153] permito-me fazer a analogia entre o sutiã, a calcinha e o biquíni. Se em um dia de sol, em um condomínio, uma dona de casa resolver cortar a grama de sua casa, de calcinhas e de sutiã, causará escândalo. Se estiver de biquíni, provavelmente não. É o conceito. A finalidade. A calcinha e o sutiã são roupas de baixo. O biquíni é roupa de banho. E há calcinhas e sutiãs que tapam mais do que muitos biquínis. Assim, de certa maneira, a medida socioeducativa e a pena.

No caso do adolescente autor de infração, o primeiro tema ainda a ser superado diz com a responsabilização desse sujeito e a efetivação do modelo proposto pela Lei. Nesse caso, desde que superada a questão e entendido o modelo de responsabilização juvenil que o Estatuto introduziu, faz-se razoável, e até recomendável, que se busque o aprimoramento da norma e a qualificação de seus operadores, notadamente a qualificação da defesa técnica,[154] aproveitando-se da experiência acumulada nesses anos para avaliarmos os acertos e os erros, por ação e por omissão.

Por fim, cumpre dizer que a "autonomia" do Direito da Criança, sustentada por alguns operadores do Direito da Infância para afastar a ideia de um Direito Penal Juvenil, acaba produzindo e contribuindo para reeditar, de forma travestida, o festival de eufemismos e de desrespeito ao direito de cidadania que marcou o Código de Menores, fazendo a operação do Estatuto da Criança e do Adolescente com a lógica da Doutrina da Situação Irregular, fazendo das medidas socioeducativas instrumentos de política "de bem-estar de menores", de triste experiência nestes brasis.

---

[153] *Pertinência Socioeducativa*: reflexões sobre a natureza jurídica das medidas. Porto Alegre: Livraria do Advogado, 2005.

[154] Nessa perspectiva o texto de Ana Paula Motta Costa, op. cit. (2012), sobre o fortalecimento das Defensorias Públicas, a efetivação dos Centros de defesa, a capacitação dos defensores e a utilização de estratégias de defesa como efetiva contraposição da acusação, p. 231 e 232.

Esta autonomia resultaria basicamente do Princípio da Prioridade Absoluta e do sempre invocado Princípio do Superior Interesse da Criança. Ambos os argumentos não têm o condão de desfazer o sentido da afirmativa de o Estatuto da Criança e do Adolescente haver consagrado um sistema de responsabilidade penal juvenil, integrado em um sistema de justiça, em um sistema normativo, cuja validade e eficácia somente pode ser reconhecida a partir de seu assento constitucional. Em verdade o afirma.

O Princípio da Prioridade Absoluta afirmado no art. 227 da Constituição Federal, em última análise, como corolário do paradigma da proteção integral, ao lado de um conjunto princípios constitucionais assecuratórios do Direito da Criança, resulta no que Martha Toledo[155] resume como princípios constitucionais especiais do sistema de responsabilização penal juvenil, listados por aquela: *Princípio da Reserva Legal*; *Princípio da Culpabilidade*; *Princípio da inimputabilidade penal*; *Princípio da excepcionalidade na privação de liberdade*; *Princípio da brevidade na privação de liberdade*; *Princípio do Contraditório*; *Princípio da Ampla Defesa*. É neste conjunto de Direitos e Garantias que se identifica a ideia de um Direito Penal Juvenil, em um universo de valores que desconstrói o paradigma da incapacidade para reconhecer o adolescente em sua condição de sujeito de direitos, com responsabilidade penal juvenil. O Princípio do Superior Interesse da Criança, já tratado neste trabalho, somente pode ser compreendido quando submetido àqueles. Isso não faz o Direito da Criança autônomo da Ordem Constitucional e Normativa, ao contrário, submete-o àquela, como dimensão única de sua eficácia e legitimação.

Não há cidadania sem responsabilidade e não pode haver responsabilização sem o devido processo e o rigor garantista.[156]

---

[155] Toledo, Martha M. Op. cit., p. 414.
[156] Como reflexão, cumpre consignar um dos efeitos decorrentes da antecipação da maioridade civil para dezoito anos, com a vigência do Novo Código Civil. Sendo a responsabilidade civil independente da criminal (tanto que havia desencontro de

Isso se extrai da ordem constitucional, da normativa internacional, dos preceitos do direito penal.

Direito Penal este, que será juvenil, porque especial, distinto, próprio da condição peculiar de pessoa em desenvolvimento do sujeito desta norma.

Em sendo assim razoável e até necessário, levando em conta estes anos acumulados de experiência na execução do Estatuto da Criança e do Adolescente, que se busque seu aperfeiçoamento na esteira da superação da crise de confiança que se estabeleceu sobre o Sistema Juvenil enquanto mecanismo de defesa social.

Nessa linha, observando-se experiências como as de Colômbia e Chile, em nosso continente, ou Alemanha e Espanha, na Europa, com modelos de responsabilidade juvenil progressiva e faixas de responsabilização, faz-se razoável e oportuna a revisão do Estatuto.

Demais os três anos máximos de privação de liberdade para o adolescente autor de atos infracionais gravíssimos, que resultem em morte, não se parecem suficientes enquanto mecanismo de defesa social, haja vista o cenário

idade entre a maioridade penal e a maioridade civil), estabelecendo o Código Penal benefícios para o agente entre dezoito e vinte e um anos (*vg*. Atenuante, prazo prescricional pela metade), fica implícito que o País afirma o reconhecimento uma outra categoria de cidadãos em conflito com a Lei: os jovens adultos. Pessoas entre dezoito e vinte e um anos, cuja categoria já afirmava o Estatuto da Criança e do Adolescente (Lei 8.069/90), quando prevê a aplicação de medida socioeducativa para jovens com mais de dezoito anos (até os vinte e um anos), autores de ato infracional na adolescência. Decorrentemente da nova ordem firmada pelo Código Civil não se estabelece mais relação com a maioridade civil, nem a atenuante mencionada será da minoridade. Esta garantia faz-se atenuante da condição de jovem adulto, que se faz independente da situação de maioridade civil, por necessária política criminal, a exemplo do que ocorre em países como Espanha e Alemanha. Isso se constitui em um marco importante que não pode ser desconsiderado, máxime quando a maioria da população penitenciária brasileira é formada por uma massa de jovens adultos (considerados aqui até vinte e cinco anos), a carecer do Estado brasileiro um olhar mais atento à condição de dignidade da pessoa humana. Nestas condições é possível afirmar que o sistema contempla: a) a irresponsabilidade da criança, até doze anos. b) a responsabilidade penal juvenil do adolescente, até dezoito anos. c) a imputabilidade penal com benefícios para o jovem adulto, até vinte e um anos. d) considerando a partir de vinte e um anos o adulto pleno, do ponto de vista criminal.

latino-americano, conforme a Relatório[157] da Comissão Interamericana de Direitos Humanos relatoria dos Direitos da Infância, justiça juvenil e direitos humanos nas Américas.[158]

Nesse sentido, Paulo Afonso Garrido de Paula chegou a apresentar ao CONANDA uma proposta de alteração no Estatuto, a partir de um conceito de responsabilização progressiva, que infelizmente não encontrou respaldo naquele organismo[159].

---

[157] A Comissão também observa que, embora vários Estados das Américas proíbam a prisão por toda a vida, muitos preveem penas máximas muito longas. Por exemplo, como informado à CIDH, a pena máxima era de 15 anos na Costa Rica, 10 anos no Chile, 8 anos em Honduras, no Paraguai e na Colômbia, e 7 anos em El Salvador. Cabe ressaltar que, segundo informação recebida pela Comissão, em El Salvador, em virtude da Lei Anti-gangues, a pena poderia ser estendida até 20 anos44. Igualmente, no Peru a Lei contra o Terrorismo Agravado permite que as crianças de 16 a 18 anos sejam condenadas a penas inferiores a 25 anos. A critério da CIDH, este tipo de solução legal ano é compatível com o postulado de brevidade da privação da liberdade aplicável às pessoas maiores de idade.

[158] Este relatório foi elaborado no marco do memorando de entendimento entre a Comissão Interamericana de Direitos Humanos (CIDH) e o Fundo das Nações Unidas para a Infância (UNICEF). Sua preparação e publicação foram possíveis graças ao apoio financeiro do UNICEF, do Banco Interamericano de Desenvolvimento (BID) e do *Save the Children*,

[159] Daquele documento preliminar se extrai: a proposta de um sistema de responsabilidade progressiva dos 12 aos 18 anos, a ser aplicado unicamente a casos estritos de prática de atos infracionais com violência extrema e resultado morte ou lesão corporal grave ou gravíssima, levando-se em conta como condição concorrente as circunstâncias ou motivação para a violação da integridade física de outrem. Ainda, destaca-se: a) determinação de prazos mínimos e máximos de internação diretamente proporcionais à idade do adolescente infrator ao tempo da prática do ato infracional, iniciando-se com o mínimo de 1 ano e 6 meses e máximo de 3 anos para os casos envolvendo adolescentes entre 12 e 13 anos de idade, progredindo-se gradativamente até o mínimo de 4 e máximo de 8 anos de internação para os adolescentes que praticarem o ato infracional entre os 17 e 18 anos de idade; b) garantia de que não pode o adolescente receber tratamento mais gravoso que o conferido ao adulto, mediante imposição de que o tempo de internação, em qualquer hipótese, não poderá ser superior à pena mínima estabelecida na lei penal para o crime correspondente ao ato infracional praticado, reafirmando o disposto no artigo 54 das Regras Mínimas das Nações Unidas para a Prevenção da Delinquência Juvenil (Regras de RIAD) e no artigo 35, inciso I, da Lei 12.594, de 18 de janeiro de 2012 (Institui o Sistema Nacional de Atendimento Socioeducativo – Sinase); c) obrigatoriedade de postulação expressa na representação e reconhecimento formal na sentença ou acórdão, respeitando-se o devido processo legal, o sistema acusatório, a amplitude de defesa e a regularidade formal; d) possibilidade de aplicação depois da maioridade, limitada somente à prescrição; e) agravamento substancial

A propósito do quadro latino-americano, cumpre lembrar que o Uruguai afastou, em plebiscito, a proposta de redução da idade penal, cabendo destacar que, naquele País, o limite de privação de liberdade para adolescente autor de ato infracional pode alcançar cinco anos, enquanto no Brasil, por expressa disposição do art. 121, é de no máximo três anos, nos amplos e discricionários limites estabelecidos em seu art. 122.

Para se ter um panorama da América Latina a respeito do tempo máximo de privação de liberdade para adolescentes infratores, que no Brasil está fixado em três anos, para as hipóteses genéricas contempladas no art. 122 da Lei 8.069 – Estatuto da Criança e do Adolescente: Equador, 4 anos; República Dominicana, Panamá, Uruguai e Venezuela, 5 anos; Guatemala, Nicarágua e Perú, 6 anos; Honduras, Colômbia e Paraguai, 8 anos; Chile, 10 anos; Costa Rica e El Salvador, 15 anos.

No México há estados que o limite máximo é 3 anos e em outros é de 20 anos. A Federação Mexicana trabalha por uma lei federal que deverá unificar esses limites, possivelmente em 8 anos, observado o anteprojeto que está em debate, reconhecendo e afirmando um modelo de responsabilidade penal de adolescente, sem que com isso se contrarie a regra da ordem constitucional mexicana que reconhece a idade de imputabilidade penal em dezoito anos de idade. A Bolívia prevê sanções de até 30 anos depois dos 16 anos e de cinco anos entre 12 e 15 anos. E assim por diante. Cuba fixa a idade penal em dezesseis anos e tem um sistema tutelar abaixo desta idade.

A Argentina tem um sistema tutelar híbrido, herdado ainda da Ditadura Militar, a carecer de uma lei de responsabilidade penal para adolescentes, cujo projeto há anos está em tramitação no Congresso Argentino. O chamado

---

do crime perpetrado por adultos de coautoria ou induzimento de criança ou adolescente à prática de conduta descrita como infração penal, tipificado no artigo 244-B do Estatuto da Criança e do Adolescente.

"caso Mendonza", que levou a Argentina à Corte Interamericana de direitos Humanos, revela a falta de um sistema de justiça juvenil em linha com as normas internacionais naquele País, embora signatário da Convenção das Nações Unidas de Direitos da Criança. A falta de um sistema de responsabilidade penal juvenil foi exposta ao estabelecer sanções, garantindo o devido processo e buscar uma investigação criminal contra um adolescente a que seja atribuída a prática de uma conduta criminal. Ou seja, a necessidade de a Argentina superar o modelo tutelar ainda vigente, que permite, em um precedente lastimável, com o beneplácito de sua Suprema Corte, com voto e condução do Ministro Zaffaroni, "privar de liberdade para proteger o menor".

O Decreto 22.278 da Ditadura Militar Argentina permanece em vigor depois de mais de 30 anos de democracia. Tanto assim, que o Estado argentino foi declarado internacionalmente responsável por duas vezes no espaço de 10 anos ("Bulacio", 2003 e 2013, "Mendoza"). Aparentemente o governo argentino (no período Kirchner) estava determinado a manter, seja por desinteresse ou falta de vontade política, o sistema tutelar, que permite a juízes a absoluta discrição, e "operacionalidade da proteção" traduzido em custódia. A verdade é que a Argentina tem uma dívida pendente sobre as crianças e regulamentação criminal; é por isso que a decisão da Comissão Interamericana de Direitos Humanos insta o Estado a promulgar uma lei consentânea com os termos da Normativa Internacional.

De acordo com normas e padrões internacionais sobre o tema, os Estados devem reservar-se o uso do encarceramento, como último recurso, e fez alternativas disponíveis à prisão. O sistema de justiça juvenil deve ter atenção especial em relação à proporcionalidade e da duração das penas, sejam eles de custódia, e não privativa de liberdade.

O caso argentino é, pois, emblemático, na medida em que subtrai garantias sob o pretexto da proteção. O tema central diz, pois, com a necessidade de as leis estabelecerem respostas consentâneas à condição de peculiar condição de pessoa em desenvolvimento, observado proporcionalidade, garantindo uma resposta de retribuição aceitável, enquanto mecanismo de defesa social, dentro de um sistema socioeducativo, a apurada sua responsabilidade sob o rigor do devido processo e da ampla defesa, restringindo-se ao nível máximo os espaços de discricionariedade.

5.5. A Lei 12.594/2012. Lei de Execução das Medidas Socioeducativas. Uma breve ponderação de sua gênese.

A imensa mobilização popular que resultou no Estatuto da Criança e do Adolescente, em 1990, trouxe com ela um sentimento de que aquela Lei, no contexto da nova ordem que da Constituição de 1988 estabelecia, produziria um outro Brasil. Havia a esperança de que se tinha em mãos um instrumento capaz de reinventar a infância no Brasil.

Uma receita a que nos cabia aviar, como vaticinava o mestre Marcel Hope.

Passada a euforia que permitiu em grande parte o desmonte dos Juizados de Menores, verdadeiras estruturas de controle da pobreza, oportunizando-se grandes avanços, já em meados dos anos noventa, do século passado, percebeu-se que tão só o Estatuto da Criança e do Adolescente não seria bastante, em especial no que diz respeito à questão do adolescente a que se atribui a prática de atos infracionais e o sistema socioeducativo, para se alcançar as metas que se esperava.

O tutelarismo, que fundamentou a Doutrina da Situação Irregular até ser superado pela Convenção dos Direitos da Criança e no Brasil, antes disso, pela própria Constituição Federal, em especial em seus arts. 227 e 228, continuava vivo e atuante.

Espaços discricionários deixados pelas regras do Estatuto eram ocupados pela interpretação tutelar, em especial diante da ausência de regras regulatórias da execução das medidas socioeducativas.

A necessidade de limitação destes espaços de discricionariedade, em especial na execução das medidas socioeducativas, reclamavam urgente regulamentação normativa, pois, como advertia Emílio Garcia Mendez, citando Bobbio, onde não há regra, a regra vigente será sempre a lei do mais forte.

Assim foi que, em 1998, o Desembargador Antonio Fernando Amaral e Silva apresentou uma proposta de Lei de Execução das Medidas Socioeducativas, buscando regulamentar o processo e o protagonismo dos diversos atores. Estava aberto o debate visando à superação dessa lacuna.

A proposta de Amaral, enfatizando o caráter retributivo da medida socioeducativa enquanto resposta do Estado à conduta infratora praticada pelo adolescente, produziu espetacular reação contrária por parte de diversos atores do sistema.

Formou-se um debate onde não faltou a ação do sempre atuante menorismo, de setores comprometidos com questões corporativas e diversas outras matizes, do abolicionismo ao sectarismo, produzindo-se um bordão que rodou o País: o ECA não precisa de complemento, e sim de cumprimento. Alguma coisa como se o Estatuto fosse a verdade revelada por Deus a Moisés no Monte Sinai e se bastava.

O marco deste debate foi o Congresso da Associação Brasileira de Magistrados e Promotores de Justiça da Infância e Juventude – ABMP (hoje também de Defensores Públicos) –, ocorrido na cidade de Gramado, no Rio Grande do Sul, em 1999.

Estabelecido o debate, passa a coexistir uma discussão entre aqueles que sustentam que, em face da Convenção das Nações Unidas de Direitos da Criança, cuja versão brasileira resultou no Estatuto da Criança e do Adolescente, o país adotou um modelo de responsabilização pela prática do ato infracional, presidido pelo princípio da legalidade, que pode ser definido como de um *Direito Penal Juvenil*. Um modelo de responsabilização do adolescente, duríssimo na medida em que fixa essa responsabilização desde os doze anos de idade.

Destaco aqui diversos autores: Antonio Fernando Amaral e Silva, Ana Paula Mota Costa, Afonso Konzen, Karyna Baptista Sposato, Martha Toledo Machado, Wilson Donizetti e diversos outros, cabendo realçar texto de Sérgio Salomão Shecaira: "As normas que regulam a responsabilidade penal dos menores pertencem ao Direito Penal por contemplarem situações nas quais se impõem sanções aos autores da infração", p. 221. Concluindo: "A medida socioeducativa é, tal qual a pena, um ato de intervenção estatal na esfera de autonomia do indivíduo que tem evidente natureza de sanção", p. 222.[160]

Do outro lado os opositores dessa ideia, a partir de um conceito de "autonomia" do Direito da Criança. Entre os opositores: Marcos Bandeira, Murilo Digiácomo, Mário Ramidoff e outros.

Entre aqueles que fazem reserva ao uso da expressão Direito Penal Juvenil ou Direito Penal para Adolescentes, cumpre fazer um destaque à doutrina de Paulo Afonso Garrido de Paula,[161] que admite a ideia de uma responsabilidade penal progressiva.

Constatada a necessidade de uma lei regulamentadora do processo de execução, apesar da oposição de diversos atores com a noção de que o "Estatuto se bastava", foi criada uma comissão no seio da ABMP para apresentar um

---
[160] Sérgio Salomão Shecaira aborda o tema com precisão em "Sistema de Garantias e o Direito Penal Juvenil" (RT, 2008).
[161] Direito da Criança e do Adolescente e tutela jurisdicional diferenciada. São Paulo, RT/2002, onde enfatiza o tema da "autonomia" do Direito da Criança.

novo anteprojeto, em substituição à ideia inicial de Amaral e Silva.

Diversos atores participaram desta tentativa de produção.[162] Como aqueles que fazem chiste, naquela famosa *comissão* criada por Deus para inventar o cavalo e que resultou no camelo, surgiu a proposta de Lei de Diretrizes Socioeducativas. A proposta teve méritos, em especial ao buscar uma definição para a natureza sancionatória da Medida Socioeducativa, a par de sua pretensão pedagógica.

O texto não emplacou, mas o debate se afirmou. O consenso sobre a necessidade de regras para regulamentação do processo de execução das medidas socioeducativas se consumou.

O CONANDA chamou a si o debate, em especial pela formulação do SINASE – Sistema Nacional Socioeducativo. Constitui um novo grupo de trabalho, com outros atores. Refiro aqui, por exemplo, Alexandre Morais Rosa, Flávio Frasseto e Afonso Konzen.

A proposta de superação da chamada Lei de Diretrizes Socioeducativas evoluiu na busca da Lei de Execução das Medidas Socioeducativas, em especial após as transformações feitas no Estatuto em face da Lei 12.010, de 2009, que tratou da convivência familiar e comunitária, do acolhimento e da adoção, produzindo profunda alteração legislativa no âmbito do Estatuto. Estava desfeito o "dogma" de que o Estatuto não precisava de complemento.

Em síntese: a necessidade de uma lei de execução é reconhecida. E a necessidade ainda de dar *status* de Lei a regras estabelecidas na formulação do Sistema Nacional Socioeducativo – SINASE. Daí a intervenção de diversos atores políticos (*vg*. Da Magistratura, FONAJUV; das entidades de atendimento, FONACRIAD; do próprio CONANDA – Conselho Nacional dos Direitos da Criança e do Adolescente –,

---

[162] Eu próprio tentei. Havia ainda Eleonora Machado Poglia, Murilo Digiácomo e outros.

entre outros) resulta no texto que acaba sendo sancionado em janeiro de 2012.

A Lei 12.594, de 18 de janeiro de 2012, traz importantes avanços na regulamentação do processo de execução, incluindo outras dimensões de sua intervenção (financiamento do sistema, controle de gestão etc.).

Menos que uma Lei de Execução de Medidas se constitui em uma normativa de gestão do Sistema.

Na linha da orientação de Afonso Konzen, pode-se afirmar que a Lei 12.594, Lei de Execução das Medidas Socioeducativas, se organiza a partir de quatro eixos centrais: a) garantias jurídicas; b) programas de atendimento; c) política de atendimento; d) plano individual de atendimento – PIA.

É o avanço possível, retomando algumas questões que necessitavam ser melhor explicitadas em especial em face da necessária interação com o Sistema Único da Assistência Social, o SUAS.[163] As questões relativas à compreensão da Medida Socioeducativa enquanto imposição do Estado ao sujeito adolescente autor de ato infracional, o que lhe empresta uma natureza jurídica própria ao sancionamento, e nessa medida penalizante,[164] a par de sua busca à integração social e resgate de direitos e valores, inserta em um Programa a ser registrado no Conselho de Direitos da Criança.

---

[163] No ano de 2010, levando em conta decisão de fundar as medidas socioeducativas em meio aberto nos CREAS, aproveitando-se da capilaridade destes serviços, o que sem dúvida se constitui em um avanço, nesse aspecto, buscando advertir para a natureza sancionatória da MSE, que não pode ser considerada unicamente um serviço da Assistência Social, produzi o texto "SINASE, LOAS, SUAS MDS, CREAS, CRAS, SEDH, MSE, LA, PSC, o glossário e o calvário do adolescente autor de ato infracional: os riscos da revivência da doutrina da situação irregular sob um novo rótulo".

[164] A mitigação da natureza sancionatória da medida socioeducativa imposta ao adolescente tem entre outras consequências nefastas a minimização de suas garantias, em especial de sua defesa técnica, com danos insuperáveis à justiça daquela providência. A visão da sanção socioeducativa como um bem (e deverá ser sempre boa, porém há de ser necessária, pertinente) induz à fragilização da defesa.

5.5.1. Os objetivos buscados pela medida socioeducativa nos termos expressos na lei. A principiologia do sistema. A enunciação de Garantias Jurídicas em seu art. 35.

De plano se extrai do texto da Lei 12.594, em consonância com o Estatuto, que Medidas são declarações judiciais de perda ou restrição da liberdade, e, como afirmado anteriormente, nessa dimensão um mal. Por isso, devem ser evitadas sempre que possível, daí o princípio da excepcionalidade, estendido a todas as medidas, em consonância com o princípio de intervenção mínima.

Ao contrário das medidas de proteção, as medidas socioeducativas não são de natureza instrumental. Enquanto as Medidas Protetivas têm como função prevalente garantir os direitos, a função prevalente da Medida Socioeducativa, afirmada topologicamente no § 2º do art. 1º da Lei é o de responsabilizar pelo fato.

Afonso Konzen refere que, durante o cumprimento, se institui o dever de cuidar das necessidades, o "Espaço para o exercício do dever-ser pedagógico do Programa de Atendimento".

Por consequência, a Lei deixa explicita a ideia de que as Medidas socioeducativas não são medidas de proteção "reforçadas". São intervenções no âmbito da liberdade individual do sujeito por conta de uma conduta descrita na lei como crime ou contravenção e nessa medida retributiva.

O artigo primeiro da Lei 12.594 sinaliza quais são os objetivos buscados pela medida socioeducativa, assim como fixa os critérios de determinação do que se constitui o programa de execução da medida, em que se expressam seus objetivos, a partir do cumprimento do Plano Individual de Atendimento (um dos pilares de sustentação da proposta de execução da MSE).

São objetivos da medida socioeducativa, nos termos do § 2º do artigo 1º da Lei 12.594/2012:

a) **Responsabilização**, quanto às consequências lesivas do ato infracional e estímulo à reparação sempre que possível;

b) **Integração Social e garantia de direitos,** através do cumprimento do Plano Individual de Atendimento – PIA;

c) **Desaprovação da Conduta** (*rectius* "reprovação da conduta"). Aqui a ideia de um juízo de reprovabilidade,[165] incorporando conceitos de culpabilidade, na medida em que não se faz admissível em sede de juízo punitivo – e a MSE tem este caráter também – uma perspectiva de uma responsabilização objetiva. Há, pois, que ser examinada a reprovabilidade da conduta à luz da culpabilidade do agente tendo as disposições da sentença como o parâmetro máximo de privação ou restrição de liberdade.

O primeiro enunciado diz com a responsabilização do adolescente quanto às consequências lesivas do ato infracional, sempre que possível, incentivando a sua reparação.

Resulta daqui a ideia de que o adolescente é protagonista de sua história e, por consequência, sujeito de direitos (exorcizando-se o paradigma da incapacidade que norteava o sistema tutelar). A responsabilização do adolescente e a perspectiva restaurativa da possibilidade de reparação do dano são aspectos fundamentais para o reconhecimento da medida socioeducativa enquanto sanção, legitimando-se a intervenção do Estado em um sistema de garantias.

Cabe salientar aqui, como destacado por Leoberto Brancher,[166] que a adoção desse conceito restaurativo de responsabilidade, como objetivo topologicamente prevalente da MSE, a nova lei está também sinalizando a perspectiva histórica de construção de um Sistema de Justiça Juvenil Restaurativa, em que o tradicional dilema entre as

---

[165] E certamente aqui se esta a falar de consciência da ilicitude e exigibilidade de conduta diversas, enquanto elementos normativos da culpabilidade, não se cogitando em um juízo de reprovação moral, como já adverte Mario Luiz Ramidoff, op. cit, p. 15.

[166] Disponível em <http://www.responsabilidadesocial.com/article/article_view.php?id=939>.

correntes que primam ora pelo tratamento ora pela punição do crime – bem representadas, respectivamente, nos incs. II e III do mesmo dispositivo – aparece como uma terceira via para conferir maior efetividade à jurisdição socioeducativa.[167]

Essa situação está umbilicalmente lincada ao segundo e terceiro objetivos enunciados na norma: a integração social do adolescente e a garantia de seus direitos individuais e sociais, por meio do cumprimento de seu plano individual de atendimento e a desaprovação da conduta infracional, efetivando as disposições da sentença como parâmetro máximo de privação de liberdade ou restrição de direitos, observados os limites previstos em lei.

A promoção cidadã, a definição dos limites de intervenção do Estado a partir da construção de um Plano Individual de Atendimento, tendo a sentença judicial como parâmetro, levando em consideração um juízo de desaprovação ou reprovação de sua conduta.

Ou seja, a ideia de que o adolescente, enquanto sujeito, tem responsabilidade, o que remete a um repensar do conceito de culpabilidade atribuída ao não imputável, adoles-

---

[167] A Justiça Restaurativa é um novo modelo de Justiça voltado para as relações prejudicadas por situações de violência. Valoriza a autonomia e o diálogo, criando oportunidades para que as pessoas envolvidas no conflito (autor e receptor do fato, familiares e comunidade) possam conversar e entender a causa real do conflito, a fim de restaurar a harmonia e o equilíbrio entre todos. A ética restaurativa é de inclusão e de responsabilidade social e promove o conceito de responsabilidade ativa. É essencial à aprendizagem da democracia participativa, ao fortalecer indivíduos e comunidades para que assumam o papel de pacificar seus próprios conflitos e interromper as cadeias de reverberação da violência. O principal objetivo do procedimento restaurativo é o de conectar pessoas além dos rótulos de vítima, ofensor e testemunha; desenvolvendo ações construtivas que beneficiem a todos. Sua abordagem tem o foco nas necessidades determinantes e emergentes do conflito, de forma a aproximar e corresponsabilizar todos os participantes, com um plano de ações que visa restaurar laços sociais, compensar danos e gerar compromissos futuros mais harmônicos. Seus valores fundamentais são: participação, respeito, honestidade, humildade, interconexão, responsabilidade, empoderamento e esperança. Estes valores distinguem a justiça restaurativa de outras abordagens mais tradicionais de justiça como resolução de conflitos, e se traduzem na prática do Círculo Restaurativo. Fonte: Programa Justiça para o Século 21 – <http://www.justica21.org.br>.

cente sujeito de medida socioeducativa (e nessa dimensão resposta sancionatória do Estado) a partir de um juízo de reprovabilidade de sua conduta, fixado na sentença que lhe impõe a sanção socioeducativa.

Além disso, a lei conceitua programa de atendimento, que dá conteúdo à medida imposta na sentença, como a organização e o funcionamento, por unidade, das condições necessárias para o cumprimento das medidas socioeducativas. Define, ainda, unidade como a base física necessária para a organização e o funcionamento de programa de atendimento e diz que entidade de atendimento é a pessoa jurídica de direito público ou privado que instala e mantém a unidade e os recursos humanos e materiais necessários ao desenvolvimento de programas de atendimento.

A Lei 12.594, em seu art. 35, enquanto balizador de sua operacionalidade, enuncia princípios fundantes do processo de execução, determinantes para que se alcancem os objetivos que busca, a saber.

São Garantias Jurídicas Fundamentais reafirmadas:

"I – legalidade, não podendo o adolescente receber tratamento mais gravoso do que o conferido ao adulto. Traz aqui o conceito de discriminação positiva, a que o mesmo Afonso Konzen alude.
II – excepcionalidade da intervenção judicial e da imposição de medidas, favorecendo-se meios de autocomposição de conflitos;
III – prioridade a práticas ou medidas que sejam restaurativas e, sempre que possível, atendam às necessidades das vítimas;
IV – proporcionalidade em relação à ofensa cometida;
V – brevidade da medida em resposta ao ato cometido, em especial o respeito ao que dispõe o art. 122 da Lei nº 8.069, de 13 de julho de 1990 (Estatuto da Criança e do Adolescente);
VI – individualização, considerando-se a idade, capacidades e circunstâncias pessoais do adolescente;

VII – mínima intervenção, restrita ao necessário para a realização dos objetivos da medida;
VIII – não discriminação do adolescente, notadamente em razão de etnia, gênero, nacionalidade, classe social, orientação religiosa, política ou sexual, ou associação ou pertencimento a qualquer minoria ou *status*; e
IX – fortalecimento dos vínculos familiares e comunitários no processo socioeducativo."

A esse conjunto de valores, agregam-se outros, do próprio Estatuto e da Constituição Federal. Do art. 227 da CF (brevidade, excepcionalidade, condição peculiar de pessoa em desenvolvimento), ao § 1º do art. 112, ao art. 122, ao 99, ao 100, todos do Estatuto. Enfim, com a Lei 12.594 consolida-se um sistema de garantias deste modelo de responsabilidade juvenil.

5.5.2. Garantias Jurídicas adicionais incorporadas na Lei 12.594

Se o art. 35 da Lei 12.594 se constitui no coração ontológico do próprio Sistema, fixando os princípios e garantias jurídicas, a Lei lista um conjunto de garantias adicionais, difusas em diversos dispositivos.

No art. 42, § 2º, fica vedada a não substituição da medida socioeducativa unicamente em razão da gravidade, antecedentes ou tempo de cumprimento, uma questão polêmica, posto que estabelece a proporcionalidade como garantia e princípio norteador da determinação da sanção socioeducativa.

O art. 45 prevê a unificação da medida socioeducativa, quando sobrevier sentença de aplicação de nova medida no curso da execução de outra anteriormente imposta. Daí a regra é a ouvida do MP e da Defesa, no prazo de três dias, decidindo pela unificação, no limite máximo de três anos, nos moldes do sistema penal, no qual este limite é de trinta anos.

Este art. 45, em seu § 1º estabelece a vedação ao reinício da execução por medida aplicada no transcurso daquela em execução e fica vedada a aplicação de nova medida de internação por atos infracionais anteriores se concluído o cumprimento ou transferido para medida menos rigorosa (art. 45, § 2º).

Neste sentido, tem-se pronunciado o Superior Tribunal de Justiça, com destaque a emblemático voto do Ministro Jorge Mussi.[168]

---

[168] DIREITO DA CRIANÇA E DO ADOLESCENTE. HIPÓTESE DE NÃO UNIFICAÇÃO DE MEDIDAS SOCIOEDUCATIVAS. O adolescente que cumpria medida de internação e foi transferido para medida menos rigorosa não pode ser novamente internado por ato infracional praticado antes do início da execução, ainda que cometido em momento posterior aos atos pelos quais ele já cumpre medida socioeducativa. Dispõe o *caput* do art. 45 da Lei 12.594/2012 que: "Se, no transcurso da execução, sobrevier sentença de aplicação de nova medida, a autoridade judiciária procederá à unificação, ouvidos, previamente, o Ministério Público e o defensor, no prazo de 3 (três) dias sucessivos, decidindo-se em igual prazo". Já em seu § 1º, tem-se que "É vedado à autoridade judiciária determinar reinício de cumprimento de medida socioeducativa, ou deixar de considerar os prazos máximos, e de liberação compulsória previstos na Lei nº 8.069, de 13 de julho de 1990 (Estatuto da Criança e do Adolescente), excetuada a hipótese de medida aplicada por ato infracional praticado durante a execução". Por sua vez, dispõe o § 2º que "É vedado à autoridade judiciária aplicar nova medida de internação, por atos infracionais praticados anteriormente, a adolescente que já tenha concluído cumprimento de medida socioeducativa dessa natureza, ou que tenha sido transferido para cumprimento de medida menos rigorosa, sendo tais atos absorvidos por aqueles aos quais se impôs a medida socioeducativa extrema". Neste preceito normativo, foram traçadas as regras a serem seguidas no caso de superveniência de nova medida socioeducativa em duas situações distintas, quais sejam, por ato infracional praticado durante a execução da medida e por fato cometido antes do início do cumprimento desta. Veja-se que o § 1º do preceito aludido expressamente excepciona a aplicação de seu regramento nas hipóteses de superveniência de medida em razão de ato infracional que tenha sido "praticado durante a execução". Em seguida, em seu § 2º, o legislador fixa uma limitação à aplicação de nova medida extrema, sendo esta vedada em razão de atos infracionais "praticados anteriormente". Em uma interpretação sistemática na norma contida no § 2º, deve-se entender que esta vedação se refere à prática de ato infracional cometido antes do início da execução a que se encontra submetido o menor. Com efeito, o retorno do adolescente à internação após demonstrar que está em recuperação – que já tenha cumprido medida socioeducativa dessa natureza ou que tenha apresentado méritos para progredir para medida em meio aberto – significaria um retrocesso em seu processo de ressocialização. Deve-se ter em mente que, nos termos do ECA, em relação ao menor em conflito com a lei, não existe pretensão punitiva, mas educativa, considerando-se a "condição peculiar da criança e do adolescente como pessoas em desenvolvimento" (art. 6º), sujeitos à proteção integral (art. 1º). Mister considerar, ainda, os princípios que regem a aplicação da medida socioeducativa

A Lei inclui ainda na contagem do prazo da medida, o eventual tempo de prisão cautelar como adulto que tenha sido imposto ao jovem – maior de dezoito anos, mas ainda sujeito de cumprimento de Medida Socioeducativa (art. 46, § 2º).

Fica estabelecido um limitador do uso da sanção disciplinar de isolamento, prática instituída em muitas unidades de privação de liberdade no Brasil sem um rigoroso sistema de verificação de sua conveniência, oportunidade ou cabimento (arts. 15, IV, e 48, § 2º).

É reafirmado o direito ao acompanhamento dos pais, instituindo o dever de incluir o adolescente em programa de meio aberto na falta de vaga para o cumprimento da medida de privação de liberdade (art. 49, II), tema igualmente polêmico que remete ao controle de vagas nas unidades de privação de liberdade. A exceção em lei seria para ato infracional com violência ou grave ameaça, o que, aliás, é aquele que deveria ser a única e fundamental regra, na medida em que a privação de liberdade é a *ultima ratio* do sistema.

A lei institui garantia jurídica adicional visando a assegurar o respeito à personalidade, intimidade, liberdade de pensamento e religião (art. 49, III); ao tempo em que também regula o *direito de petição* (art. 49, IV), o *direito à informação*, fixando normas de organização e funcionamento do Programa (art. 49, V), com previsões de natureza disciplinar (art. 49, V) e evolução do Plano Individual de Atendimento – PIA (art. 49, VI).

Institui ainda o direito à participação, fixando regra de elaboração e reavaliação do Plano Individual (arts. 49, VI, c/c o 53).

---

extrema, quais sejam, da excepcionalidade e do respeito à condição peculiar do jovem em desenvolvimento (art. 121 do ECA), segundo os quais aquela somente deverá ser aplicada como *ultima ratio*, ou seja, quando outras não forem suficientes à sua recuperação. Conclui-se, pois, que o termo "anteriormente" contido no § 2º do art. 45 da Lei 12.594/2012 refere-se ao início da execução, não à data da prática do ato infracional que originou a primeira medida extrema imposta. HC 274.565-RJ, Rel. Min. Jorge Mussi, julgado em 12/5/2015, DJe 21/5/2015.

A Lei 12.594 regula o direito de atenção diferenciada à saúde (art. 49, VII) e prevê o direito de atendimento em creche e pré-escola aos filhos de 0 a 5 anos (art. 49, VIII). Traz ainda a autorização de *saída monitorada* sem autorização judicial (art. 50) e regula o *direito de visita* (art. 67), relativo a cônjuge (companheiro), pais (responsável), parentes e amigos, instituindo a hipótese de visita íntima ao interno que ingresse no sistema em condição de casado ou em união estável (art. 68).

Além destes pontos, cumpre realçar que a determinação da medida socioeducativa aplicável ao adolescente, a ser executada, supõe o exame de todo este conjunto principiológico, da busca dos objetivos da medida socioeducativa, e análise das condições listadas no § 1º do art. 112 do Estatuto.[169]

Neste sentido, Wilson Donizeti Liberati já afirmava, antes mesmo da Lei 12.010 e desta Lei 12.594, que "a individualização da medida deve ser assegurada pela fundamentação da sentença",[170] estabelecendo o que entende como sendo a distinção entre o procedimento de individualização da pena daquele da escolha da medida socioeducativa.

Assim possível afirmar, como já se fez, que o dispositivo que se aproxima ao art. 59 do Código Penal, no sistema juvenil inserto no Estatuto, seja o § 1º do art. 112, no qual estão listados os elementos que o Juiz deverá levar em consideração para o estabelecimento da Medida Socioeducativa adequada à situação em julgamento e apta a buscar os objetivos que a média persegue.

Tomada a individualização da pena como uma garantia constitucional da cidadania, compreendendo a medida socioeducativa como uma resposta do Estado ao ato infracional, conduta típica descrita na lei como crime ou

---

[169] *Compêndio de Direito Penal Juvenil*: Adolescente e Ato Infracional, 4ª ed. Porto Alegre: Livraria do advogado, 2010, p. 252.
[170] Liberati, Wilson Donizeti. *Processo Penal Juvenil*. São Paulo: Malheiros, 2006, p. 134.

contravenção, não há como deixar de afirmar que a individualização da medida aplicável ao adolescente contemple um regramento expresso e explícito, devidamente motivado. Daí a importância das inovações expressas nas Leis 12.010 e agora na 12.594.

Nesta operação, além dos elementos enunciados no próprio § 1º (capacidade de cumprimento, circunstâncias, que serão as judiciais, e gravidade da infração) supõe que o julgador leve em conta os limites objetivos traçados no art. 122 do Estatuto em face da privação de liberdade, cabível somente naquelas hipóteses, bem como todo o conjunto normativo que da Lei 12.594 decorre, em especial os objetivos da medida seus princípios (também relacionados no art. 100, do Estatuto, com a nova redação dada pela Lei 12.010).

A atuação do Magistrado no manejo dos elementos constantes no § 1º do art. 112 reclama do aplicador da norma o domínio da linguagem interdisciplinar, impondo ao julgador não apenas o indispensável conhecimento técnico jurídico, mas a perfeita sintonia com os reclamos da psicologia, da psiquiatria, da pedagogia, do serviço social, para referir apenas algumas das disciplinas que interagem na ação socioeducativa.

Leva-se em conta aqui que a Medida Socioeducativa, a par de sua induvidosa carga retributiva, busca em sua efetividade, no programa onde irá materializar-se com a inserção do adolescente, sua finalidade pedagógica.

O caráter facultativo da utilização da avaliação interdisciplinar há que ceder ante a condição peculiar de pessoa em desenvolvimento ostentada pelo adolescente, a reclamar um juízo motivado de seu julgador, motivação essa que, por certo, na escolha da medida socioeducativa mais adequada (art. 122, § 2º), deverá levar em conta os elementos de convicção que dos laudos interdisciplinares emergem (condição familiar, condição subjetiva do sujeito, crítica sobre a conduta etc.).

Evidentemente, o julgador irá lançar seu juízo de acordo com a convicção que dos autos decorre. Todavia, não poderá negar ao adolescente em julgamento a oportunidade de, através da intervenção de técnicos, verificar-se, sob um olhar psicossocial, suas condições pessoais e sociais em face da decisão que necessariamente será lançada, visando a aferir a capacidade de cumprimento da medida e a utilidade desta.

No caso da utilidade, há que ser levada em conta a dinâmica da vida adolescente, a reclamar um olhar atual de sua condição pessoal para o lançamento do *decisum*, em especial em sede de recurso na segunda instância, onde o adolescente em julgamento com certeza já não será o mesmo que se fez sujeito da sanção de primeiro grau, em especial se nessa decisão de primeiro grau foi imposto ao adolescente o cumprimento de medida de meio aberto, e o recurso postula sanção mais severa.

Há que se ter em mente, em especial em se tratando de adolescentes, que o tempo do processo não se confunde com o tempo da vida, e que a dinâmica da vida de um adolescente produz, em pouco tempo, transformações, para melhor ou para pior, impressionantes, que devem ser sempre atualizadas. Daí o princípio da celeridade, decorrente dos termos da Convenção.

Retomo aqui Beccaria, e seu *Dos delitos e das Penas*, onde introduziu do princípio da proporcionalidade no sistema penal, com o advento do que se denominou Escola Clássica, que não pode ser ignorada em sede de Justiça Juvenil.[171]

Dessa forma, em sede de jurisdição de segundo grau, em determinada circunstância, que o caso concreto reco-

---

[171] Nuci, Guilherme de Souza. *Individualização da Pena*. São Paulo: RT, 2005, p. 64: "Contrário à pena de morte e às penas cruéis, pregou o Marquês de Beccaria o princípio da proporcionalidade da pena à infração praticada, dando relevo ao dano que o crime havia causado à sociedade" Prossegue: "O caráter humanitário presente em sua obra (de Beccaria) foi um marco para o direito penal, até porque contrapôs-se ao arbítrio e à prepotência dos juízes, sustentando que somente leis poderiam fixar as penas..."

mendar, considerar que se faz oportuno; buscando o recurso interposto a imposição de Medida Socioeducativa mais gravosa do que aquela anteriormente imposta; que o Tribunal determine a atualização da avaliação interdisciplinar (ao menos do estudo social), sob pena de lançar um juízo sobre certas condições pessoais do adolescente que já não mais existem, eis que agora serão outras.

Cumpre colacionar aqui arestos do Superior Tribunal de Justiça, destacando trabalho do notável Defensor Público Flávio Frasseto[172] a realçar a necessidade do órgão julgador (Juiz ou Tribunal), em sua decisão, levar em conta o momento presente do adolescente a que se atribui a conduta infracional, máxime quando a ele já tenha sido imposta medida anterior:

> "Nos termos do art. 113/100 do Estatuto a medida socioeducativa se justifica segundo suas necessidades pedagógicas. Tais necessidades se modificam com o passar do tempo e como a vida corre menos lentamente que os processos (sobretudo na Segunda Instância), não é incomum ordenar-se internação por conta de fatores pretéritos totalmente superados pelo passar do tempo e pelo natural desenvolvimento do jovem. O caso mais comum se dá quando o jovem cumpre a medida mais branda fixada em primeiro grau e, após, o Tribunal provê recurso ministerial postulando medida mais severa".[173]

---

[172] A nova Jurisprudência do Superior Tribunal de Justiça, in Revista do IBCCrim, n° 33, p. 177, São Paulo: RT, 2002.

[173] HC 9713 – Se o adolescente, além de trabalhar e estudar, cumprir toda a medida socioeducativa de liberdade assistida, tendo o relatório técnico da FEBEM informado não revelar mais tendência infracional e ter condições de convívio social, o fundamento básico do acórdão atacado, gravidade da conduta (tentativa de latrocínio) não tem força bastante para afastar essas constatações, mesmo porque, a internação é medida extrema, cabível quando o caso não comporta outra menos grave. (...) Assim sendo, ante a situação do menor que, além de ter bom comportamento, exercer atividade laborativa e ter convívio familiar, encontrava-se às vésperas da avaliação final, eis que já esgotado o prazo de cumprimento da medida socioeducativa, parece-nos mais prudente, em atendimento aos fins do Estatuto da Criança e do Adolescente, que seja concedido o writ para cassar o acórdão da Corte *a quo*, restabelecendo a decisão monocrática. RHC – 9315 – Se o jovem já completou

Nesse sentido, merece especial realce decisão do Supremo Tribunal Federal, destacada por Frasseto, da lavra do Ministro Marco Aurélio:

"STF – HC 75.629-8 SP – O paciente foi condenado à medida extrema de internação por haver desejado para si peças de roupa e calçados de outrem e para isso usou a força. À época, o Juízo asseverou-lhe que, cumpridas as determinações que se lhe impunham, seria 'perdoado'. Deu-se-lhe nova chance, até mesmo em reconhecimento à falibilidade da natureza humana. O jovem redimiu-se perante o tecido social, mostrando boa vontade, apenar dos obstáculos (...). Honrou louvavelmente o ajuste a que se comprometeu. Eis, entrementes, que a outra parte foge-se ao compromisso: as demonstrações de bom comportamento, de lisura, enfim, de plena remissão não forma consideradas suficientes ao rigoroso crivo do órgão revisor que, de uma feita, ignorou todos os esforços do paciente (...). [Nestas condições], mostra-se um contra-senso anuir-se com uma decisão que redunde no agravamento do estado do paciente, resultado indiscutível da convivência com internos contumazes".

5.6. Breves considerações finais

Da indiferença à proteção integral. A Responsabilidade penal do Adolescente.

De um tempo em que as crianças não interessavam ao Direito, ou que se constituíam em vagos e imprecisos conceitos de responsabilidade social, até sua condição cidadã, de sujeito de direitos, se venceu uma longa caminhada. Que se faz inconclusa, porque o Direito está sempre em processo, dinâmico como a vida, em sua contínua afir-

---

18 anos e não há notícia da prática de outro ato anti-social, qual a utilidade da internação? HC – 8908 – Já se passaram os seis meses estipulados para o cumprimento da liberdade assistida. Tendo o acusado cumprido, efetivamente, a totalidade da medida que lhe foi imposta, não se fala em nova internação.

mação. O reconhecimento do adolescente como titular de direitos, na construção de um sistema que proteja seus direitos declarados e reconhecidos, remete a este modelo de responsabilidade juvenil que da Convenção dos direitos da Criança emerge, e na versão brasileira, vem constituída na própria Constituição Federal e no Estatuto da Criança e do Adolescente.

A Lei 12.594 vem ao encontro da consolidação de um sistema de justiça juvenil, buscando superar o inaceitável espaço de discricionariedade e arbítrio que se estabelece pela ausência de regra.

Temas como visita íntima, que acabam por ocupar espaços de mídia de maneira descabida e inadequada, somente se estabelecem a partir do desconhecimento de que se está diante de um sistema de justiça, que vê o adolescente como protagonista, sujeito em peculiar condição de desenvolvimento, titular de direitos e obrigações próprios dessa condição peculiar que ostenta.

Nessa dimensão, a Lei de Execução das Medidas socioeducativas traz importante contribuição. Haveria mais. A ideia de um modelo de responsabilidade progressivo, com faixas de responsabilização e melhor determinação das hipóteses de privação de liberdade, seja na dimensão de garantia individual, seja na dimensão da defesa social, se faz imperativa, como forma de superar a grave crise de confiança que se abateu sobre o Sistema de Justiça para Adolescentes, alimentando o discurso repressivo e retrógrado da redução da idade penal.

O direito é assim, dinâmico, porque deve responder à vida. De qualquer sorte estão lançadas as referências para estabelecer o papel dos diversos protagonistas desse sistema e, especialmente, as regras norteadoras do processo de execução, saudando-se como aquele que talvez seja o maior avanço da lei, a fixação do Plano Individual de Atendimento, adotada a sentença como parâmetro máximo para definir o grau de intervenção do Estado na esfera da liberdade individual do adolescente, uma imposição decorrente da infração da lei.

Assim, a efetividade de um Sistema de Justiça Juvenil, de um modelo de responsabilidade, de natureza penal juvenil, se constitui no elemento fundamental para a afirmação de um Sistema de Justiça Juvenil Restaurativa, alternativo àquele. A Lei 12.594, de 18 de janeiro de 2012, faz essa sinalização. Mas não esgota o tema.

Como demonstrado à exaustão neste trabalho o simples fato de os países serem signatários da Convenção das Nações Unidas de Direitos da Criança por si só não garante a efetividade dos direitos ali enunciados. Veja-se o caso argentino. O fato de não a haver firmado, por sua vez, tem permitido observar um movimento em sua direção. Veja-se o que tem ocorrido nos EEUU. Na realidade a Convenção tem operado como um marco regulatório fundamental e isso tem sido um dos fatores do esforço que realiza o México na busca de unificação de uma legislação federal sobre o tema da responsabilidade penal para adolescentes, superando as impressionantes diferenças de um Estado para o outro. De qualquer sorte, o tema é recorrente, de norte a sul dos continentes.

O Estatuto da Criança e do Adolescente expressa o compromisso do Brasil com suas crianças e adolescentes, em respeito aos mandamentos constitucionais e à ordem jurídica internacional. Tangenciado o debate em torno da natureza pétrea da cláusula constitucional que estabelece a idade penal em 18 anos (art. 228, da CF), o fato é que a sociedade está mobilizada em torno da responsabilidade do adolescente autor de ato infracional.

Embora o Estatuto da Criança e do Adolescente tenha avançado notavelmente no sentido de construir um modelo de responsabilidade juvenil, assegurando o devido processo e a ampla defesa, com importante contribuição da Defensoria Pública no País, o fato é que a operacionalidade do Estatuto da Criança e do Adolescente tem alimentado a já mencionada crise de confiança normativa, que alimenta seus opositores. E não se diga que esta crise resulta exclusivamente da ausência de políticas públicas, inegavelmente insuficientes. Ela decorre também de imperfeições do texto normativo, que permite lacunas e frestas por onde se instala o tutelarismo e a discricionariedade, sempre manejados em nome de um suposto superior interesse da criança, de regra restringindo seus direitos e igualando desiguais.

Nesse contexto, enquanto mecanismo de defesa social, o fato é que o Brasil com seus três anos de limite máximo está isolado no contexto internacional e, aparentemente, esse aspecto tem fomentado o movimento pela redução da idade penal, sob o argumento de que a sanção remete a uma ausência de proporcionalidade, na relação entre a sanção socioeducativa e o delito, pretendendo lançar adolescentes em um sistema de privação de liberdade de adultos, em prejuízo de todos.

Os próprios adolescentes recolhidos ao sistema de privação de liberdade queixam-se deste aspecto violador do Princípio da Proporcionalidade, onde não raras vezes um adolescente autor de um delito menos gravoso cumpre mais tempo de privação de liberdade do que outro autor de um (ou mais) delitos mais gravosos, em uma expressão repaginada, no âmbito da política de atenção socioeducativa – inclusive contemplada na Lei 12.594 – de um direito penal do autor em detrimento ao preceito de um direito penal do fato.

A expressão pessoa em peculiar condição de desenvolvimento que norteia a ordem jurídica constitucional brasileira para conceituar crianças e adolescentes, remete a formulação de um modelo que respeite o Princípio da Autonomia Progressiva, cabendo, nesse sentido, como alternativa juridicamente consistente e adequada às disposições da ordem jurídica internacional, avaliar a criação de um sistema progressivo de responsabilidade para adolescentes, desde os 12 anos de idade, com sanções socioeducativas correspondentes a tipos penais que resultem grave violação de direitos individuais e coletivos, com violência à pessoa e resultado morte, permitindo uma ampliação dos limites máximos de privação de liberdade, em um sistema especializado (de adolescentes e jovens adultos), com caráter socioeducativo, além dos atuais três anos máximos de privação de liberdade, com consequente ampliação dos atuais 21 anos como teto de atuação do sistema em face do autor de condutas criminais na adolescência. Conforme a proposta de Paulo Afonso Garrido de Paula, já mencionada.

Este tema reclama uma resposta séria e consistente, cabendo, porém retomar a sentença de Emilio Garcia Mendez: a lei é necessária para tudo, mas não é suficiente para nada.

Bibliografia

Amaral e Silva, Antônio Fernando. O Mito da Inimputabilidade Penal do adolescente. *Revista da Escola Superior da Magistratura do Estado de Santa Catarina*, v. 5. Florianópolis:AMC, 1998./122:

Araújo, Fernando Henrique de Morais/Siqueira Neto, Lélio Ferraz. *Sistema Nacional de Atendimento Socioeducativo* (SINASE); Lei Federal 12.594 teoria e prática (e comentários sobre Fundos dos Direitos da Criança e do Adolescente)/1ª ed. Rio de Janeiro: Lumen Juris, 2013.

Ariés, Philipe. *História Social da Criança e da Família*. 2ª ed. Rio de Janeiro:Guanabara, 1981.

Armijo, Gilbert. *Manual de Derecho Procesal Penal Juvenil*. San José – Costa Rica: IJSA, 1998.

Bandeira, Marcos. *Atos Infracionais e Medidas Socioeducativas*: Uma leitura dogmática, crítica e constitucional. Ilhéus: Editus, 2006.

Barreto, Tobias. *Menores e Loucos em Direito Criminal*; prefácio de Luiz Carlos Fontes de Alencar. – ed. fac-sim. – Brasília: Senado Federal, Conselho Editorial, 2003.

Barros, Wellington Pacheco; Barros, Welligton Gabriel Zuchetto. *A proporcionalidade como princípio de direito*. Porto Alegre: Livraria do Advogado, 2006.

Beloff, Mary. Modelo de la Proteción Integral de los derechos Del niño y de la situación irregular: um modelo para armar y outro para desarmar. In *Justicia y Derechos Del Niño*. Santiago de Chile: UNICEF, 1999.

———. *Los Derechos Del niño en el sistema interamericano*. Buenos Aires: Del Puerto Editores, 2005.

Bittencourt, Cezar Roberto.*Tratado de direito Penal; parte geral*. V. I, 14ªed., São Paulo: Saraiva, 2009.

Bobbio, Norberto. *A Era dos Direitos*. Traduzido por Carlos Nelson Coutinho. Rio de Janeiro: Campus, 1992.

Bonumá, João. *Menores abandonados e criminosos*. Santa Maria: Oficinas Graphicas da Papelaria União, 1913.

Brancher, Leoberto Narciso. Crime & Justiça: uma promessa impagável?. In *Justiça, Adolescente e Ato Infracional*: socioeducação e Responsabilização. São Paulo: ILANUD, 2006.

Calligaris, Contardo. *A Adolescência*. São Paulo: Publifolha. 2000.

Cillero, Miguel. El interés superior del niño en el marco de la convención Internacional sobre los derechos del niño. In: *Justicia y Derechos del Niño* nº 1, UNICEF/Ministério de Justicia de Chile, 1999.

―――. "Comentario Código Penal: articulo 10 Números 2 y 3", "La minoria de edad como causal de exceción de responsabilidad penal". In *Justycia y Derechos Del Niño*. Buenos Aires:UNICEF, 2002.

―――. *Nulla Poena Sine Culpa*. Um limite necessário al castigo penal de los adolescentes. Santiago do Chile: OEA, 2001.

Costa, Ana Paula Motta. *Os adolescentes e seus Direitos Fundamentais: da invisibili dade à indiferença*. Porto Alegre: Livraria do Advogado, 2012.

―――. *As Garantias Processuais e o direito Penal Juvenil*. Porto Alegre: Livraria do Advogado, 2005.

Cortés M., Julio. Acerca del principio del interes superior del Niño. In *Infancia y Derechos Humanos*: Discurso, Realidad y Perpectivas. Santiago do Chile: Corporación Opción,Setembro, 2001.

Couso, Jaime. Princípio Educativo e (Re)socialização no Direito Penal Juvenil. Palestra proferida pelo autor em 30 de março de 2006 em Oaxaca, México, no "Foro Justiça em Matéria de Menores Infratores", organizado pelo Conselho de Tutela do Estado de Oaxaca e auspiciado pela União Europeia e pelo Instituto Nacional de Ciências Penais (Inacipe) do México.

Cury, M.; Amaral E Silva, A.; Mendez, E.G. (Coords.). *Estatuto da Criança e do Adolescente Comentado*, Comentários Jurídicos e Sociais. 2ª ed. São Paulo: Malheiros, 1996.

―――; Garrido. P.; Maçura. *Estatuto da Criança e do Adolescente Anotado*. 2ª ed. São Paulo: RT, 2000.

Diaz-Maroto y Villarejo; Julio, González; Carlos J. Suárez. Codigo Penal y Legislacion Complementaria. *Biblioteca de Legislación*, v. 7, 22ª ed., Madrid: Editorial Civitas, 1996.

Diniz, Maria Helena. *Curso de Direito Civil Brasileiro*, v. 7: responsabilidade civil. 16ª ed. São Paulo: Saraiva, 2002.

Donato, Giancarlo Fontoura. *Sentença Penal Juvenil*: em busca da proporcionalidade na aplicação da medida socioeducativa. Porto Alegre: Lumen Juris, 2015.

Ferradin, Mauro. Ato *Penal Juvenil: Aplicabilidade dos Princípios e Garantias do Ato Penal*. Curtiba: Juruá, 2009.

Ferraioli, Luigi. *Prefácio a Infância*, Ley y Democracia em América Latina. Mèndez, Emílio Garcia e Beloff, Mary. Buenos Aires: Temis, 1999.

―――. *Direito e Razão*: Teoria do Garantismo Penal. São Paulo: RT, 2002.

Figueiredo, Luiz Carlos de Barros. *Temas de Direito da Criança e do Adolescente*. Recife: Nossa Livraria, 1997.

Foucault, Michel. *A História da Loucura*. 2ª ed. São Paulo: Perspectiva, 1981.

Fragoso, Heleno Cláudio. *Lições de Direito Penal*: Parte Geral. 7ª ed. Rio de Janeiro: Forense, 1985.

Frasseto, Flávio Américo. Ato Infracional, medida socio-educativa e processo: a nova jurisprudência do Superior Tribunal de Justiça. In *Revista Brasileira de Ciências Criminais*, n. 33, p. 177-202. São Paulo, janeiro/março de 2002.

Galeano, Eduardo. *De pernas pro ar: a escola do mundo ao avesso*. Tradução de Sergio Faraco. Porto Alegre: L&PM, 1999.

Garrido de Paula, Paulo Afonso. *Direito da criança e do adolescente e tutela jurisdicional diferenciada*. São Paulo: RT, 2002.

――― et ali. *Estatuto da Criança e do Adolescente anotado*. 2ª ed. São Paulo: RT, 2000.

Gomes da Costa, Antônio Carlos. De *Menor à Cidadão*: Notas para uma história do Novo Direito da Infância e da Juventude no Brasil, Brasília: CBIA – Ministério da Ação Social, 1991.

——. "A Velha Senhora". *Revista do Juizado da Infância e Juventude do Tribunal de Justiça* do RS, n° 11, acessível no site www.tj.rs.gov.br, no link Juizado da Infância e Juventude.

——. *É possível mudar – a criança, o adolescente e a família na política social do município*, são Paulo: Malheiros, 1993.

Gomes Neto, Gercino Gerson. *A Inimputabilidade Penal como Cláusula Pétrea*. Florianópolis: Centro das Promotorias da Infância, 2000.

Hoppe, Marcel. A questão da Violência, in Indiferença – derrube este muro. *Anais do seminário de criança e do adolescente*. Porto Alegre: Associação dos Procuradores do Município de Porto Alegre, 1996.

—— et alii. *O Estatuto Passado a Limpo*. Porto Alegre, Juizado da Infância e Juventude; Ed. Diretoria de Revista e Jurisprudência e outros Impressos do TJRS, 1992.

Jerusalinsky, Alfredo. Adolescência e Contemporaneidade. In *Conversando sobre Adolescência e Contemporaneidade*. Conselho Regional de Psicologia. Porto Alegre: Libretos, 2004.

Koerner Junior, Rolf et alli. *Adolescentes privados de liberdade*: A Normativa Nacional e Internacional & Reflexões acerca da responsabilidade penal. 2ª ed. São Paulo: Cortez, 1998.

Konzen, Afonso A. *Pertinência Socioeducativa*: reflexões sobre a natureza jurídica das medidas. Porto Alegre: Livraria do Advogado, 2005.

——. *Justiça restaurativa e ato infracional*: desvelando sentidos no itinerário da alteridade. Porto Alegre: Livraria do Advogado, 2007.

Leão, Sonia Carneiro. *Infância, Latência e Adolescência*: Temas de Psicanálise. Rio de Janeiro:Imago, 1990.

Liberati, Wilson Donizeti. *O Estatuto da Criança e do Adolescente Comentado*, IBPS, Brasília – DF, 1991.

——. *Adolescente e Ato Infracional*: Medida Sócio-Educativa é Pena? São Paulo: Juarez Oliveira, 2002.

——. *Processo Penal Juvenil: a garantia da legalidade na execução da medida socioeducativa*. São Paulo: Malheiros, 2006.

Luño, Antonio E. Perez. *Los Derechos Fundamentales*: Temas Clave de la Constituición Española. 6ª ed. Madrid: Tecnos, 1995.

Machado, Martha de Toledo. A *Proteção Constitucional de crianças e adolescente e os direitos humanos*. São Paulo: Manole, 2003.

——. *Algumas Ponderações sobre o Regime Especial de Proteção da Liberdade do Adolescente Autor de Ato Infracional*. (MIMEO). São Paulo, 1999.

——. *Proibições de Excesso e Proteção insuficiente bo direito penal: A hipótese dos crimes sexuais contra crianças e adolescentes*. São Paulo: Verbatin, 2008.

Marcílio, Maria Luíza. *História Social da Criança Abandonada*. São Paulo: Hucitec, 1998.

Maximiliano, Carlos. *Hermenêutica e aplicação do direito*. 14ª ed. Rio de Janeiro: Forense, 1994.

Mendez, Emílio Garcia. *Infância e Cidadania na América Latina*. São Paulo: Hucitec, 1998.

―――. *Adolescentes e Responsabilidade Penal*: Um debate Latino-Americano, Porto Alegre: AJURIS, ESMP-RS, FESDEP-RS, 2000.

―――; Beloff, Mary. *Infância, Ley y Democracia em América Latina*. Temis-Depalma: Bogotá-Buenos Aires, 1999.

Meneses, Elcio Resmini. *Medidas socioeducativas*: uma reflexão jurídico-pedagógica. Porto Alegre: Livraria do advogado, 2008.

Michelman, Marina de Aguiar. Da Impossibilidade de aplicar ou executar Medida Socioeducativa em virtude da ação do tempo. *Revista Brasileira de Ciências Criminais*, n. 27, São Paulo: RT/IBCCrim. Julho-Setembro, 1999.

Minahim, Maria Auxiliadora. *Direito Penal da Emoção*: A inimputabilidade penal do menor. São Paulo: RT, 1992.

Mirabete, Julio Fabbrini. *Manual de Direito Penal*, v. 1, 2ª ed. São Paulo: Atlas, 1985.

Moniz de Aragão, E. D. *Comentários ao CPC*. v. II. Rio de Janeiro: Forense, 1979.

Nuci, Guilherme de Souza. *Individualização da Pena*. São Paulo: RT, 2005.

―――. *Estatuto da Criança e do Adloscente Comentado*: em busca da Constituição Fdereal das Crianças e dos Adolescentes. Rio de Janeiro: Forense, ouit/2014.

O'Donnell. D. La Convencion sobre los Derechos del Niño: Estrutura y Contenido. *Revista Infancia* nº 230, tomo 63. Boletim do Instituto Interramericano Del Niño. Montevideo-Uruguai. Julho de 1990.

Oliveira, Carmen Silveira de. *Sobrevivendo no Inferno*. Porto Alegre: Sulina, 2001

Oliveira, Eduardo Borges. *A defesa dos direitos da humanidade infanto-juvenil pela ótica da radicalidade constitucional*. São Luiz: MIMEO, 1999.

Oliveira, Rodrigo Augusto de. *O adolescente e infrator em face da Doutrina da Proteção Integral*. São Paulo: Fiúza, 2005.

Pierangeli, José Henrique. *Códigos Penais do Brasil*: evolução. Bauru: Jalovi, 1980.

Platt, Antony. *Los Salvadores Del Niño, o la invención de la Delincuencia*. México: Siglo XXI, 1982.

Ramidoff, Mário Luiz. *SINASE – Sistema Nacional Socioeducativo*: Comentários à Lei n. 12.594, de 18 de janeiro de 2012. São Paulo: Saraiva, 2012.

Rigaux, François, *A Lei dos Juízes*, São Paulo: Martins Fontes, 2000.

Rocha, Hilton. *República*: Teoria e Prática textos doutrinários sobre direitos humanos e políticos consagrados na primeira Constituição da República, Câmara dos Deputados; Vozes, 1978.

Rosa, Alexandre Morais. Ato Infracional, Remissão, Advogado e Garantismo. In *Revista Juizado da Infância e Juventude*, v. 2, ano II, TJRS: 2004, p. 62.

―――. *Direito Infracional*: Garantismo, Psicanálise e Movimento Anti-Terror. Florianópolis: Habitus, 2005.

―――. *Introdução crítica ao ato infracional*: princípios e garantias constitucionais. Rio de Janeiro: Lumen Juris, 2011.

Rossato, Luciano Alves. Lépore, Paulo Eduardo. Cunha, Rogério Sanchez. *Estatuto da Criança e do Adolescente Comentado*. 3ªed. São Paulo: RT, 2012.

Saraiva, João Batista Costa. *Desconstruindo o Mito da Impunidade*: um Ensaio de Direito Penal Juvenil. Brasília: do autor, 2002.

―――. *Compêndio de Direito Penal Juvenil*: Adolescente e Ato Infracional, 4ª ed. Revista e Ampl. Porto Alegre: Livraria do Advogado, 2010.

Shakespeare, William. *Conto do Inverno*. V. VII. São Paulo: Melhoramentos. 1976.

Shecaira, Sergio Salomão. *Sistema de Garantias e o Direito Penal Juvenil*. São Paulo: RT, 2008.

——. Correa Jr., Alceu. *Teoria da pena*: finalidades, direito positivo, jurisprudência e outros estudos de ciência criminal. São Paulo: RT, 2002.

Sêda, Edson. *A criança e o Direito Alterativo*. Campinas: ADÊS, 1995

Silva, José Afonso da. *Curso de Direito Constitucional Positivo*. 13ª ed. São Paulo: Malheiros, 1997.

Silva, Marcelo Gomes. *Ato Infracional e Garantias*: uma crítica ao Direito Penal Juvenil, Florianópolis: Conceito, 2008.

Silva Pereira, Tânia da. *Direito da Criança e do adolescente*: uma proposta interdisciplinar. Rio de Janeiro: Renovar, 1996.

Sposato, Karyna Batista. *O Direito Penal Juvenil*. São Paulo: RT, 2006.

——. *Direito Penal de Adolescentes:Elementos para uma teoria garantista*. São Paulo: Saraiva, 2013.

Streck, Lenio Luiz. *Hermenêutica Jurídica e(m) Crise*. Porto Alegre: Livraria do Advogado. 2000.

Teotônio, Luiz Augusto Freire. *Culpabilidade*: Concepções e Modernas Tendências Internacionais e Nacionais. Campinas: Minelli, 2001.

Terra, Eugênio Couto. A Idade Penal Mínima como Cláusula Pétrea. In *Revista Juizado da Infância e Juventude*, nº 2, p. 27, Porto Alegre: CONSIJ/CGJ, 2004.

Tiffer Sotomayor, Carlos. *Ley de justicia penal juvenil*: Anotado y Acordado. San Jose – Costa Rica: Juristexto, 1996.

Tonial, Cléber. Situação De Risco = Situação Irregular: Por uma questão de princípios. In *Revista Juizado da Infância e Juventude*, n. 1 (nov. 2003) Porto Alegre: Departamento de Artes Gráficas do TJRS, 2003, p. 22.

Tourinho Filho, Fernando da Costa. *Processo Penal*. 8ª ed. v. 1-4 ver. São Paulo: Saraiva, 1986.

Vázquez González, Carlos. *Derecho Penal Juvenil Europeo*. Madrid: Dykinson, 2005.

Vieira, Oscar Vilhena. Reciprocidade e o Jovem Infrator, in *Revista do ILANUD* nº 3 – São Paulo: Instituto Latino Americano das Nações Unidas para Prevenção do Delito e Tratamento do Delinqüente, 1997.

Vital, Luís Fernando Camargo de Barros. "A Irresponsabilidade penal do Adolescente", in *Revista Brasileira de Ciências Criminais*, ano 5, n. 18, abril-junho, IBCCrim/RT, São Paulo, 1997.

Veronese, Josiane Rose Petry. A Convenção Internacional de Direitos da Criança – Tópicos para uma reflexão. In *Cadernos de Direito da Criança e do Adolescente*, nº 2, Florianópolis:ABMP, 1997.

Volpi, Mário (Org.). *O adolescente e o Ato infracional*. São Paulo: Cortez, 1997.

——. *Sem Liberdade, Sem Direitos*. São Paulo: Cortez, 2001.

Weingartner Neto, Jayme. Entre o Estatuto da Criança e do Adolescente e o Código Penal: por uma negociação de fronteiras, navegando pela prescrição da medida socioeducativa. In *Revista da AJURIS* v. 86, Tomo I, Porto Alegre: AJURIS, 2002.

Anexos

Comparativo entre uma Legislação orientada pela Doutrina da Situação Irregular e outra pela Doutrina da Proteção Integral[174]

Situação Irregular	Proteção Integral
"Menores"	Crianças e adolescentes
Objetos de proteção	Sujeitos de direito
Proteção de "menores"	Proteção de direitos
Proteção que viola e restringe direitos	Proteção que reconhece e promove direitos
Infância dividida	Infância integrada
Incapazes	Pessoas em desenvolvimento
Não importa a opinião da criança	É fundamental a opinião da criança
"Situação de risco ou perigo moral ou material" ou "situação irregular"	Direitos ameaçados ou violados
"Menor em situação irregular"	Adultos, instituições ou serviços em situação irregular
Centralização	Descentralização
Juiz executando política social / assistencial	Juiz em atividade jurisdicional
Juiz como "bom pai de família"	Juiz técnico
Juiz com faculdades onipotentes	Juiz limitado por garantias
O assistencial confundido com o penal	O assistencial separado de penal
Menor abandonado / delinquente	Desaparecem essas determinações
Desconhecem-se todas as garantias	Reconhecem-se todas as garantias
Atribuídos de delitos como inimputáveis	Responsabilidade penal juvenil
Direito penal de autor	Direito penal de ação
Privação de liberdade como regra	Privação de liberdade como exceção e somente para infratores / outras sanções
Medidas por tempo indeterminado	Medidas por tempo determinado

---

[174] Beloff, Mary. Op. cit., p. 21.

Tabela de imputabilidade

País	Idade de responsabilização juvenil	Idade de maioridade penal	Limite de idade de aplicação do direito penal juvenil a jovens adultos	Idade de Maioridade Civil
Alemanha	14	18	21	18
Áustria	14	19	21	19
Bélgica	18	18		18
Bulgária	14	18		
Croácia	14	18		
Dinamarca	15	18		18
Escócia	8	16	21	18
Eslováquia	15	18		
Eslovênia	14	18		
Espanha	14	18	21	18
Estônia	13	17	20	
Finlândia	15	18		18
França	13	18	21	18
Geórgia	14	18		
Grécia	13	18	21	18
Holanda	12	18		18
Hungria	14	18		
Inglaterra/Gales	10	18	21	18
Irlanda	12	18		18
Itália	14	18		18
Lituânia	14	18		
Noruega	15	18		18
Portugal	16	21		18
R. Checa	15	18		
Romênia	14	18		
Suécia	15	18		18
Suíça	7	18	25	20
Turquia	11	18	20	18

Fonte: VÁZQUEZ GONZÁLEZ, Carlos. *Derecho Penal Juvenil Europeo*. Madrid: Dykinson, 2005, p. 420.

Quadro Comparativo das Garantias Processuais

Estatuto da Criança e do Adolescente	Constituição Federal
Vida e saúde – art. 7º	Art. 196 – Saúde é direito de todos
Tratamento referente ao pré e perinatal pelo SUS – art. 8º	Arts. 196 e 198
Amamentação dos filhos por mães submetidas à privação de liberdade – art. 9º	Art. 5º, L (art. 89 da LEP)
Absoluta prioridade – art. 4º, parágrafo único	Art. 227
Liberdade e dignidade – art. 15	Arts. 5º e 227
Direito à imagem – art. 17	Art. 5º, X
Direito a ter os seus próprios valores e Ideias	Art. 5º, VI
Dever de todos de velar pela dignidade da criança e do adolescente – art. 18	Art. 227
Direito à convivência familiar – art. 19	Arts. 226 e 227
Igualdade dos filhos havidos ou não da relação do casamento, ou por adoção – art. 20	Art. 227, § 6º
Divisão do pátrio poder entre o pai e a mãe – art. 21	Art. 5º, I, e art. 226, § 5º
Dever dos pais de sustentar os filhos – art. 22	Art. 229
Direito à educação – art. 53	Art. 205
Direito dos pais de ter ciência e de participar do processo pedagógico da escola – art. 53, parágrafo único	Art. 206, VI (ver LDB, Lei 9.394 / 96)
Direito ao ensino obrigatório – art. 54	Arts. 206 e seguintes
Direito de ser matriculado pelos pais – art. 55	Art. 227
Direito à proteção trabalhista – art. 60	Art. 7º, XXXIII
Direito do deficiente à proteção no trabalho – art. 65	Art. 227, § 1º, II
Direito à profissionalização – art. 69	Art. 227
Devido processo legal – art. 110	Art. 5º, LIV

Pleno e formal conhecimento da acusação – art. 111, I	Art. 5º, LII e LIV
Igualdade na relação processual e defesa técnica por advogado – art. 111, II e III	Art. 5º, *caput*, incisos LIV, LV, e art. 133
Assistência judiciária gratuita – art. 111, IV	Art. 5º, LXXIV, e art. 134
Somente ser preso em flagrante ou por ordem judicial – art. 171 e 172	Art. 5º, LXI
Proteção contra tortura e tratamento desumano ou degradante	Art. 5º, III

Fonte: Quadro elaborado por Eduardo Borges Oliveira, in *A defesa dos direitos da humanidade infanto-juvenil pela ótica da radicalidade constitucional*. São Luiz, MIMEO, 1999.

Sinopse da evolução legislativa

Período Colonial Ordenações Filipinas (11.01.1603) Vigente até a independência	Fundamentava-se largamente nos preceitos religiosos. O crime era confundido com o pecado e com a ofensa moral. Fixava a idade da responsabilidade penal na "idade da razão", a partir da norma canônica, ou seja, sete anos de idade.
Brasil Imperial Código Penal do Império (16.12.1830)	De índole liberal, inspirava-se na doutrina utilitária de Betham. Fixava em quatorze anos a idade penal, mas previa um critério biopsicológico para responsabilização como adulto de menores até sete anos.
República Primeiro Código Penal Republicano (11.10.1890)	Adotou os preceitos liberais, embora tenha apresentado avanços modestos em face do Código do Império, aboliu a pena de morte, instalou o regime penitenciário de caráter correcional. Manteve a idade penal em 14 anos, e um critério biopsicológico de punição de menores de 14 anos e maiores de nove anos.
Lei 4.242 (05.01.1921)	Abandona o sistema biopsicológico vigente desde o Código Penal da República, em 1890, afirma, em seu art. 3º, § 16, a exclusão de qualquer processo penal de menores que não tivessem completado quatorze anos de idade. Adotava um critério objetivo de imputabilidade penal, fixando-a em 14 anos.
Código de Mello Mattos Decreto 17.943-A (12.10.1927)	Seguindo os preceitos da Convenção de Genebra e uma tendência internacional inaugurada no início do século XX, fixou normas de caráter tutelar em face dos menores de 18 anos, "delinquentes ou abandonados". Definia que "com idade maior de 14 anos e inferior a 18 anos, submeter-se-ia o menor abandonado ou delinquente ao regime estabelecido neste Código".
Consolidação das Leis Penais (Decreto nº 22.213, de 14.12.1932)	Composta de quatro livros e quatrocentos e dez artigos, a Consolidação das Leis Penais realizada pelo Desembargador Vicente Piragibe, passou a ser, de maneira precária, o Estatuto Penal Brasileiro até o Código de 1940, mantendo a idade penal em 14 anos, produzindo conflito com o Código de Mello Mattos.
Código Penal de 1940 (07.12.1940)	Promulgado em dezembro de 1940, passou a vigorar em 1º de Janeiro de 1942, para coincidir sua vigência com a do Código de Processo Penal. Fixou a idade penal em 18 anos, por conta da "imaturidade do menor" conforme sua Exposição de Motivos.
Código Penal de 1969	Decreto-Lei nº 1004 (21.10.1969). Teve sua. vigência adiada sucessivamente, até ser revogado, sem nunca vigorar, em de outubro de 1978. Estabelecia um critério biopsicológico de imputabilidade penal entre 16 e 18 anos.

Código de Menores (Lei 6.697, de 10.10.1979)	Adotava a doutrina da Situação Irregular em face dos menores de 18 anos, estabelecendo sistema de medidas tutelares aos autores de delitos, com caráter de medida de segurança após os 18 anos, com transferência ao sistema penitenciário, de onde somente se libertariam mediante laudo de inexistência de "periculosidade".
Reforma Penal de 1984 (Lei 7.209, de 11.07.1984)	Alterou substancialmente a Parte Geral, adotando o sistema vicariante (pena ou medida de segurança). Manteve a idade de imputabilidade penal em 18 anos, por um critério de "política criminal", conforme sua Exposição de Motivos.
Constituição Federal de 1988 (05.10.1988)	Adotou, em especial em seus artigos 227 e 228, a Doutrina das Nações Unidas da Proteção Integral dos Direitos da Criança, estabelecendo como norma de caráter constitucional a idade de imputabilidade penal em 18 anos, sujeitando os autores de atos criminais definidos em Lei com idade inferior a esta às normas da legislação especial.
Estatuto da Criança e do Adolescente (12.07.1990)	Estabelece um modelo de responsabilidade penal juvenil para adolescentes a partir dos doze anos de idade até os 18 anos de idade, sujeitando-o às sanções juvenis até os 21 anos de idade por fatos cometidos na adolescência.
Lei 12.594 (18.01.2012) – Lei do SINASE	Institui o Sistema Nacional de Atendimento Socioeducativo (Sinase),e regulamenta a execução das medidas socioeducativas destinadas a adolescente que pratique ato infracional. Definindo os objetivos da MSE e ratificando seus princípios fundantes.

Enunciados do Fórum Nacional dos Juízes da Infância e Juventude – FONAJUV

Da apuração dos atos infracionais

Enunciado 01	Quando não for possível a liberação imediata do adolescente apreendido em flagrante, deverá ser prontamente apresentado ao MP, ainda que plantonista, procedendo a autoridade policial, no prazo máximo de 24 horas, comunicação à família e à Defensoria Pública, sendo entregue ao adolescente nota de ciência.
Enunciado 02	Excepcionalmente, é possível a decretação da internação provisória pré-processual a requerimento da autoridade policial ou do Ministério Público, respeitado o prazo máximo de 45 dias para conclusão do processo.
Enunciado 03	Por ocasião da representação, deverá ser observado pedido expresso do Ministério Público, de manutenção ou decreto da Internação Provisória.
Enunciado 04	A representação não deverá ser recebida quando não atender os requisitos formais (parágrafo 1º do artigo 182 do ECA), em atenção ao estabelecido nas Diretrizes de Riad (artigo 54) e artigo 15 do ECA.
Enunciado 05	O Estatuto da Criança e do Adolescente é lei especial não tendo sido alterado pela Lei 11.719 (Reforma do Código de Processo Penal).
Enunciado 06 – REVOGADO	Ao representado, cujos pais e/ou responsáveis regularmente intimados não comparecerem aos atos judiciais, será nomeado curador especial, cuja atribuição poderá recair sobre o próprio Defensor, preservada a necessidade dos pais e/ou responsáveis serem intimados das decisões.
Enunciado 07	Quando da oitiva do adolescente (art. 186 do ECA), deverão ser respeitadas todas as garantias processuais e constitucionais.
Enunciado 08 – REVOGADO	Os mandados de busca e apreensão deverão ter prazo de validade de, no máximo, seis meses, devendo ao final do prazo ser a medida reavaliada pela autoridade judiciária.
Enunciado 09	A Defensoria Pública ou dativa possui legitimidade recursal mesmo quando houver omissão do interesse em recorrer por parte do adolescente.
Enunciado 10	A sentença do processo de apuração de ato infracional, além de conter os requisitos processuais e constitucionais, observará a capacidade do adolescente em cumprir a medida aplicada.

Enunciado 11	O controle do prazo da internação provisória cabe também ao Juiz da comarca sede da unidade de internação, porém a competência para a desinternação do adolescente é do juízo do processo de conhecimento.
Enunciado 12	É improrrogável o prazo de 45 dias para internação provisória. Aplicação e Execução de Medidas Socioeducativas
Enunciado 13 – REVOGADO	A execução de medida socioeducativa, aplicada por sentença de mérito ou em sede de remissão judicial, será promovida em autos próprios, iniciada por guia de execução de medida, não podendo ser feita nos autos do processo de conhecimento, nem através de carta precatória, salvo nos casos de advertência e obrigação de reparar o dano, quando aplicadas isoladamente.
Enunciado 14 – REVOGADO	A guia de execução será imediatamente expedida, com cópia para a unidade, promovendo-se o início do cumprimento da medida imposta, devendo ser comunicada a suspensão da execução no caso de apelação recebida com efeito suspensivo.
Enunciado 15	No caso de transferência do local da execução, não deverá ser expedida carta precatória, promovendo-se, após as baixas devidas, a remessa do processo executivo ao respectivo juízo, que terá competência plena para todos os atos, inclusive arquivamento.
Enunciado 16 – REVOGADO	Nos casos de internação provisória em juízo diverso do processante será expedida carta precatória, devendo o juiz deprecado determinar o encaminhamento do adolescente ao juízo deprecante quando expirado o prazo de 45 dias.
Enunciado 17 – REVOGADO	Deve haver pronunciamento judicial específico sobre a unificação de medida socioeducativa, definindo em qual das execuções serão praticados os atos, se na execução mais antiga ou na da medida mais gravosa, extinguindo-se as demais, trasladando-se tal decisão e expedindo-se guia de execução unificada.
Enunciado 18	Na unificação, as medidas em meio aberto, idênticas ou distintas, mas compatíveis entre si, serão cumpridas simultaneamente.
Enunciado 19	A medida de internação absorve as medidas anteriormente aplicadas, mas não isenta o adolescente de responder por outros atos infracionais praticados durante a execução.
Enunciado 20	A internação-sanção só poderá ser imposta em caso de medida socioeducativa aplicada por sentença de mérito, observado o devido processo legal, não se admitindo a internação-sanção em medida socioeducativa imposta em sede de remissão.

Enunciado 21 – REVOGADO	É possível a substituição de medida socioeducativa em meio aberto, no curso da execução, quando constatado que a medida aplicada é manifestamente inadequada, admitindo-se a substituição de medida mais branda por medida mais gravosa, observado o devido processo legal para esta e respeitados os pressupostos do artigo 122 do ECA.
Enunciado 22	No caso de substituição de medida mais grave por medida menos rigorosa, o eventual descumprimento desta última autoriza a revogação da decisão de substituição, restabelecendo-se a medida inicial, observado o devido processo legal.
Enunciado 23	O recurso de apelação de sentença com aplicação de medida socioeducativa, a teor do disposto no artigo 198 do ECA, será recebido no duplo efeito. Excepcionalmente, tendo o representado respondido ao processo internado provisoriamente, o juiz poderá, fundamentadamente, receber o apelo apenas no efeito devolutivo.
Enunciado 24	Sem prévia anuência do adolescente, de seu responsável legal e de seu defensor, não é passível de homologação judicial a medida socioeducativa proposta pelo Ministério Público em remissão pré processual.
Enunciado 25	Cumprido o prazo máximo de internação-sanção, as medidas socioeducativas de meio aberto serão declaradas extintas.

Impressão:
Evangraf
Rua Waldomiro Schapke, 77 - POA/RS
Fone: (51) 3336.2466 - (51) 3336.0422
E-mail: evangraf.adm@terra.com.br